W0465063

DR. OETKER

MODE DESSERTS

DR. OETKER

MODE DESSERTS

VORWORT

DESSERTS – nicht nur Abrundung und krönender Abschluß eines festlichen Menüs oder sonntäglichen Mittagessens; die vielen süßen Versuchungen in diesem Buch sind willkommene Nachspeisen zu jedem Mittagessen.
An heißen Sommertagen ersetzen sie auch eine komplette Mahlzeit.
Puddings, Cremespeisen, Grützen, Gelees, Eis- und Sorbet-Desserts, nicht zu vergessen die fruchtigen Nachspeisen, sorgen in ihrer großen Vielfalt dafür, daß fast jeder Dessert-Wunsch erfüllt werden kann.

INHALTSÜBERSICHT

EIS, PARFAITS & SORBETS

GÖTTLICHE GELEES & GRÜTZEN

SCHLANKE DESSERTS

RATGEBER

PUDDINGE & CREMES

ZART UND SAHNIG

Griessflammeri

(Foto Seite 8/9)

(6 Portionen)

Für den Flammeri:

250 ml (1/4 l) Milch
75 g Zucker
Mark von 1 Vanilleschote
40 g Griess
1 Eigelb
2 Blatt Gelatine, weiss, in kaltem Wasser eingeweicht
40 ml Cointreau
abgeriebene Schale von 1/2 Orange (unbehandelt)
250 ml (1/4 l) geschlagene Sahne

Die Milch mit dem Zucker und dem Vanillemark aufkochen lassen. Den Grieß hinzugeben, gut verrühren und unter häufigem Umrühren bei milder Hitze etwa 4 Minuten quellen lassen, von der Kochstelle nehmen, das Eigelb einrühren und die ausgedrückte Gelatine unter Rühren darin auflösen. Den Cointreau und die Orangenschale unter die Grießmasse geben, gut vermischen. Wenn die Masse zu stocken beginnt, die geschlagene Sahne unterheben. Die Masse in kalt ausgespülte Förmchen (Ø 8 cm) füllen und für 3–4 Stunden kalt stellen.

Tip

Dazu marinierte Beeren reichen. Dafür 100 g Zucker schmelzen, mit je 125 ml (1/8 l) Johannisbeer- und Orangensaft auffüllen und einkochen lassen. Etwa 250 g gemischte Beeren dazugeben, aufkochen und abkühlen lassen.

Schneewittchen-Herz

Für die Creme:

6 Blatt Gelatine, weiss
250 ml (1/4 l) Milch
150 ml Buttermilch
80 g gesiebter Puderzucker
350 g Speisequark (20 %)
Saft von 1 Zitrone
250 ml (1/4 l) Schlagsahne
30 ml Kirschwasser
150 g Kirschen

Für die Creme die Gelatine in kaltem Wasser nach Packungsanleitung einweichen. Die Milch mit der Buttermilch verquirlen und 50 g von dem Puderzucker unterrühren. Den Quark mit dem Zitronensaft verrühren und mit dem Schneebesen unterschlagen. Die Gelatine ausdrücken und bei schwacher Hitze auflösen, mit etwas Milch-Quark-Mischung verrühren, dann zur restlichen Milch-Quark-Mischung geben. Die Sahne steif schlagen und unterheben. Die Quark-Mischung in ausgespülte Förmchen füllen, im Kühlschrank etwa 3 Stunden fest werden lassen und auf Dessertteller stürzen. Die Schneewittchen mit Puderzucker bestäuben, mit Kirschwasser beträufeln und mit den Kirschen anrichten.

QUARK-TRIFLE

FÜR DIE QUARK-CREME:

500 G MAGERQUARK
125 G CRÈME DOUBLE
40 G ZUCKER
50 ML ZITRONENSAFT
100 ML BLUTORANGENSAFT
150 G LÖFFELBISKUITS
8 EL MARACUJASAFT
125 ML (1/8 L) SCHLAGSAHNE
1 TL ZUCKER
1 ORANGE (UNBEHANDELT)

Tip

STATT DER ORANGENSCHALE KANDIERTE ORANGENSCHEIBEN VIERTELN UND AUF DIE TUFFS SETZEN. WENN DER BLUTORANGENSAFT NICHT AUSREICHEND INTENSIV IST, DIE CREME MIT ROTE-BETE-SAFT FÄRBEN.

Für die Quark-Creme den Quark mit Crème double und Zucker verrühren und in zwei Portionen teilen. Eine Hälfte mit Zitronensaft, die andere mit Blutorangensaft verrühren. Eine hohe Glasschüssel (etwa 1 l Inhalt) mit einem Viertel der Löffelbiskuits auslegen und mit 2 Eßlöffeln Maracujasaft beträufeln. Die Hälfte der Blutorangencreme darauf verteilen, wieder mit einem Viertel der Löffelbiskuits belegen, mit Saft beträufeln und die Hälfte der Zitronencreme darauf verteilen. Wieder Biskuit, Orangencreme, Biskuit und schließlich Zitronencreme einschichten. Dabei die Biskuits jeweils mit je 2 Eßlöffeln Saft beträufeln. Die Speise mit Frischhaltefolie abdecken und 3 Stunden gut kühlen. Zur Dekoration die Sahne mit dem Zucker steif schlagen und in großen Tupfen rundherum auf die Creme setzen. Mit einem Zestenreißer die Schale von der Orange in dünnen Fäden abkratzen und auf die Tuffs streuen.

CRÈME CARAMEL

Für den Karamelspiegel den Zucker mit dem Wasser bei mittlerer Hitze goldbraun karamelisieren und in 4 mit Öl ausgepinselte Förmchen gießen.

Für die Creme die Milch mit dem ausgekratzten Vanillemark und der -schote und Salz erhitzen, 15 Minuten ziehen lassen. Den Zucker mit den Eiern und Eigelb mit einem Schneebesen gut verrühren (nicht schaumig schlagen). Nach und nach die heiße Vanillemilch (Vanilleschote entfernen) zugeben, gut verrühren. Die Eiermilch durch ein feines Sieb in die Förmchen gießen. Eine Fettfangschale dick mit Papier auslegen, die Förmchen daraufstellen und so viel heißes Wasser zugießen, daß die Förmchen zu ⅓ in Wasser stehen. Die Fettfangschale in den Backofen schieben.

Ober-/Unterhitze: etwa 160 °C (vorgeheizt)
Heißluft: etwa 140 °C (nicht vorgeheizt)
Gas: etwa Stufe 2 (vorgeheizt)
Backzeit: etwa 30 Minuten.

Die Creme abkühlen lassen, dann im Kühlschrank gut durchkühlen. Die Creme am Rand mit einem Messer lösen, evtl. kurz in heißes Wasser tauchen, dann auf Dessertteller stürzen und sofort servieren.

Für den Karamelspiegel:

80–100 g Zucker
1 ½ EL Wasser
Speiseöl

Für die Creme:

500 ml (½ l) Milch
1 Vanilleschote
Salz
60 g Zucker
3 Eier
2 Eigelb

Tip

Für die Karamelfäden 3 EL Zucker unter Rühren in der Pfanne erhitzen, bis er schmilzt und braun wird. Mit einem Löffel dünne Fäden auf gefettetes Pergamentpapier geben und erstarren lassen. Die Crème damit verzieren.

FRUCHTIGER VANILLEPUDDING

Für das Obst:
125 g rote Früchte, z.B. Himbeeren, Johannisbeeren, Kirschen
Zucker

Für den Pudding:
1 Pck. Pudding-Pulver Vanille-Geschmack
500 ml (½ l) Milch
40 g Zucker
1 Ei

Für den Saucenspiegel:
1 Becher (125 g) Crème double
roter Fruchtsaft
Himbeergeist
evtl. einige Früchte

Für das Obst die Früchte putzen, waschen, mit Zucker bestreuen und ziehen lassen.

Für den Pudding den Vanille-Pudding nach Anleitung auf dem Päckchen (mit Ei) zubereiten. Die Früchte unter den Pudding heben. Den Pudding in eine mit kaltem Wasser ausgespülte Sturzform (z.B. Schneckenform) füllen, kalt stellen. Den Pudding auf eine große Platte stürzen.

Für den Saucenspiegel die Crème double mit etwas Fruchtsaft verrühren, mit Himbeergeist abschmecken und um den Pudding geben. Nach Belieben mit Früchten garnieren.

MOHN-VANILLE-MOUSSE MIT ANANAS

Für die Mousse den Mohn in etwas Wasser aufkochen, auf ein Sieb geben und abkühlen lassen. Die Mousse nach Anleitung auf der Packung zubereiten, den Mohn unterrühren und die Creme kalt stellen. Die Mandeln in etwas Butter bräunen.
Die Ananas schälen, halbieren, den Strunk entfernen und die Ananas in Scheiben schneiden. Die Mousse-Nocken mit den halbierten Ananasscheiben und Mandeln auf Tellern anrichten.

Für die Mousse:

1 EL gemahlener Mohn
1 Pck. Mousse à la Vanille
250 ml (1/4 l) Milch
50 g abgezogene, gehobelte Mandeln
etwas Butter
1 frische kleine Ananas

Tip

Etwa 50 g Butter zerlassen, 2 EL Zucker unterrühren und die Ananasscheiben darin goldgelb braten.

Münsterländer Quarkspeise

Für die Quarkspeise:
1 Glas Sauerkirschen
(360 g Abtropfgewicht)
1 EL Speisestärke
500 g Sahnequark
3 EL brauner Farinzucker
125 ml (1/8 l) Milch
125 g Pumpernickel
50 ml Kirschwasser
100 g Halbbitter-Schokolade

Für die Quarkspeise die Sauerkirschen auf ein Sieb zum Abtropfen geben und den Saft auffangen. Den Saft mit der Speisestärke verrühren, unter Rühren zum Kochen bringen, einmal aufkochen und dann die Kirschen unterrühren, kalt stellen.
Den Sahnequark mit 2 EL Zucker und Milch geschmeidig und glatt rühren. Den Pumpernickel in einer Schüssel zerbröseln, 1 EL Zucker darüberstreuen und mit Kirschwasser tränken. Darauf die Schokolade grob reiben und gut vermengen. In eine Glasschüssel lagenweise Pumpernickel, Quark und Kirschen geben. 1–2 Stunden im Kühlschrank kalt stellen.

Panna Cotta

(Titelfoto)

Für die Creme:
600 ml Schlagsahne
1 Vanilleschote, 1 Prise Salz
2 Stück Zitronenschale
(unbehandelt), 2 EL Zucker
6 Blatt Gelatine, weiss

Für die Vanille-Sauce:
1 Pck. Sossen-Pulver
Vanille-Geschmack
30 g Zucker, 500 ml (1/2 l) Milch

Für die Frucht-Sauce:
300 g Erdbeeren
Vanillin-Zucker
Beerenfrüchte

Für die Creme die Sahne mit der Vanilleschote, Salz, Zitronenschale und Zucker in einem kalt ausgespülten Topf zum Kochen bringen, etwa 10 Minuten leicht kochen lassen. Die Gelatine in Wasser nach der Packungsanleitung einweichen. Die Vanilleschote und Zitronenschale aus der Sahne nehmen, die ausgedrückte Gelatine unter Rühren darin auflösen. Die Sahne in kalt ausgespülte Förmchen gießen, erkalten und gelieren lassen.

Für die Vanille-Sauce aus dem Soßen-Pulver, Zucker und Milch nach der Packungsanleitung eine Sauce zubereiten, kalt stellen, durchrühren.

Für die Frucht-Sauce die Erdbeeren waschen (einige zum Garnieren zurücklassen), die Stielansätze herausschneiden, pürieren und mit Vanillin-Zucker abschmecken.
Die Panna cotta mit einem Messer am Rand lösen, kurz in heißes Wasser tauchen, auf Teller stürzen, mit den Saucen umgießen und mit den zurückgelassenen Erdbeeren, Beerenfrüchten und nach Belieben mit Minzeblättchen garniert servieren.

BAYERISCHE CREME, GESTÜRZT

Für die Creme:

1 Vanilleschote

250 ml (1/4 l) Milch

3 Eigelb

75 g Zucker

6 Blatt Gelatine, weiss

250 ml (1/4 l) Schlagsahne

Zum Garnieren:

Schlagsahne

Früchte

Für die Creme die Vanilleschote aufschlitzen. Das Mark mit einem Messerrücken herausschaben und mit der Milch zusammen aufkochen. Das Eigelb mit dem Zucker verrühren und die heiße Milch unter Rühren dazugeben. Bei mittlerer Hitze im Wasserbad unter ständigem Rühren erhitzen, bis die Masse leicht dicklich und weiß wird, aber nicht kochen lassen, da sie sonst gerinnt. Die Creme von der Kochstelle nehmen. Die Gelatine nach der Packungsanleitung in dem kalten Wasser quellen lassen, gut ausdrücken und in der noch heißen Creme unter Rühren auflösen. Die Creme anschließend durch ein feines Sieb passieren, auskühlen lassen, dabei durchrühren. Wenn die Creme zu gelieren beginnt, die Sahne steif schlagen und unter die Creme ziehen. Die Creme in mit kaltem Wasser ausgespülte Portionsförmchen füllen. Im Kühlschrank etwa 3 Stunden fest werden lassen. Die Förmchen kurz ins heiße Wasser tauchen und auf Dessertteller stürzen. Die Creme mit Schlagsahne und Erdbeeren oder beliebigen anderen Früchten anrichten.

Ricottatörtchen mit Himbeersauce

Für die Ricottatörtchen die Gelatine in kaltem Wasser einweichen, ausdrücken, in Milch erwärmen und auflösen. Ricotta mit Zucker und Vin Santo (Dessertwein) cremig rühren, zuletzt die aufgelöste Gelatine vorsichtig unterrühren. Das Eiweiß zu Schnee schlagen, unter die Creme heben und in leicht gefettete Förmchen (wie z.B. für Crème Caramel) füllen. Die Förmchen für 2 Stunden in den Kühlschrank stellen.

Für die Himbeersauce die Zutaten im Mixer pürieren. Die Törtchen auf je einen Teller stürzen und etwas Sauce (Zimmertemperatur) darübergießen.

Für die Ricottatörtchen:

2 Blatt Gelatine, weiss
2 EL Milch
250 g Ricotta
50–75 g Zucker
1 EL Vin Santo oder anderer Dessertwein
2 Eiweiss

Für die Himbeersauce:

200 g Himbeeren
1–2 EL Zucker
2–3 EL Maraschinolikör

Tip

Statt der Himbeeren können auch Erdbeeren verwendet werden.

TIRAMISU

Für das Tiramisu:

2 Eigelb
1 Ei
1/2 Pck. Bourbon Vanille-Zucker
20 g Zucker
1 Prise Salz
250 g Mascarpone
2 Blatt weisse Gelatine
kaltes Wasser
2 EL Weinbrand
4 EL Amaretto
125 ml (1/8 l) kalter Espresso
60–100 g Löffelbiskuits
Kakaopulver
2 Eiweiss
20 g Zucker

Für das Tiramisu das Eigelb, Ei, Vanille-Zucker, Zucker und Salz dickschaumig schlagen. Den Mascarpone kurz unterrühren (nicht zu lange, sonst wird es Butter). Die Gelatine in kaltem Wasser einweichen, ausdrücken. Den Weinbrand und 2 Eßlöffel Amaretto erwärmen. Die Gelatine darin auflösen und unter die Mascarponecreme rühren, kalt stellen. Den Espresso mit dem restlichen Amaretto verrühren. Die Löffelbiskuits darin wenden. Eine flache Schüssel mit den getränkten Biskuits auslegen und mit Kakao bestäuben. Das Eiweiß steif schlagen. Den Zucker unterschlagen und unter die Mascarponecreme heben. Die Creme auf den Löffelbiskuits verteilen, 2–3 Stunden kalt stellen. Das Tiramisu vor dem Servieren mit Kakao bestäuben.

MARQUISE ALICE

Für die Creme das Eigelb und 80 g Zucker schaumig schlagen, die Milch zugeben und im heißen Wasserbad dicklich schlagen. Die Gelatine in kaltem Wasser einweichen und unter Rühren in der heißen Creme auflösen. Die Konfitüre durch ein Sieb streichen und 3 Eßlöffel Konfitüre in die Creme rühren. Die Creme in eine flache Schüssel gießen, kalt stellen und nach 3–4 Stunden stürzen. Das Eiweiß und den restlichen Zucker steif schlagen, nach und nach die Sahne unterschlagen, über die Creme geben, mit der Konfitüre bespritzen und sofort servieren.

Für die Creme:

4 Eigelb
100 g Zucker
400 ml Milch
6 Blatt Gelatine, weiss
100 g Aprikosen-Konfitüre
2 Eiweiss
125 ml (1/8 l) Schlagsahne

Tip

Die Konfitüre durch ein Sieb streichen, in einen Gefrierbeutel füllen, eine Spitze abschneiden und spiralförmig auf die Creme spritzen.

Rhabarber-Tiramisu

Für das Tiramisu

750 g Rhabarber
100 ml Apfelsaft
100–125 g Zucker
1 Pck. Vanillin-Zucker
3 Blatt Gelatine, weiss
3 Eier
50 g Zucker
1 Becher (250 g) Mascarpone oder ersatzweise Sahnequark
120 g Zwieback (12 Stück)
1 EL Kakaopulver

Für das Tiramisu den Rhabarber waschen, putzen, in 5–6 cm große Stücke schneiden, mit Apfelsaft, Zucker und Vanillin-Zucker in einen Topf geben und 4–6 Minuten dünsten, abkühlen lassen. Die Gelatine nach der Packungsanleitung in Wasser einweichen. Die Eier trennen und das Eigelb und den Zucker mit dem Handrührgerät mit Rührbesen dickschaumig aufschlagen. Die Mascarpone oder den Quark unterrühren. Die Gelatine ausdrücken, im heißen Wasserbad auflösen, mit etwas Mascarponecreme verrühren, dann in die restliche Creme rühren. Die Masse evtl. kurz kalt stellen, wenn sie geliert das Eiweiß sehr steif schlagen und vorsichtig unterheben. Eine rechteckige Form (24 x 18 cm) mit der Hälfte des Zwiebacks auslegen. Darauf eine Hälfte des Rhabarbers mit Saft gleichmäßig verteilen. Einen Teil der Käsemasse daraufgeben. Die Schichtung wiederholen und mit der Mascarponemasse abschließen. Im Kühlschrank 2–3 Stunden durchkühlen lassen. Vor dem Servieren mit Kakaopulver bestäuben.

Tip

Anstelle des Zwiebacks können auch Löffelbiskuits verwendet werden.

Mandel-Pudding

Für den Pudding:

120 g gehackte Mandeln
4 Eier
150 g Zucker
1 Pck. Bourbon Vanille-Zucker
30 g Speisestärke
250 ml (1/4 l) Milch
30 ml Mandellikör
6 Blatt Gelatine, weiß

Für die Sauce:

3 Eigelb
80 g Zucker
250 ml (1/4 l) Milch
1 EL Kakaopulver
4 EL Schokoraspeln

Für den Pudding die Hälfte der Mandeln in einer Pfanne ohne Fett leicht rösten. Die Eier trennen. Den Zucker, Vanille-Zucker und Eigelb in einen Topf geben und mit dem Schneebesen schaumig schlagen. Die Speisestärke mit der Milch verrühren und zur Eimasse geben, gut durchrühren und unter ständigem Schlagen einmal aufkochen. Den Mandellikör, die eingeweichte, ausgedrückte Gelatine und die nicht gerösteten Mandeln unterrühren. Zuletzt das steifgeschlagene Eiweiß vorsichtig unter die Puddingmasse heben. Eine Puddingform mit Wasser ausspülen, mit den gerösteten Mandeln ausstreuen, den Pudding einfüllen und kalt stellen.

Für die Sauce das Eigelb mit dem Zucker schaumig schlagen. Die Milch zugießen, durchschlagen und auf kleiner Stufe so lange mit dem Schneebesen schlagen, bis die Sauce cremig wird, nicht kochen lassen. Zuletzt den Kakao unterrühren.
Den Pudding stürzen, mit Schokoraspeln bestreuen und mit der Schokoladensauce anrichten.

Tip

Anstelle der Schokoladensauce kann auch eine Erdbeer- oder Vanillesauce gereicht werden.

Welfenspeise

(4–6 Portionen)

Für den Flammeri:

4 Eiweiss
500 ml (½ l) Milch
40 g Zucker
1 Pck. Vanillin-Zucker
Salz
40 g Speisestärke

Für die Weinschaumcreme:

10 g Speisestärke
2 EL kaltes Wasser
4 Eigelb
80 g Zucker
1 EL Zitronensaft
250 ml (¼ l) Weisswein

Für den Flammeri das Eiweiß steif schlagen. 2 EL von der Milch zurückbehalten, die restliche Milch mit Zucker, Vanillin-Zucker und Salz aufkochen. Die Speisestärke mit der zurückbehaltenen Milch anrühren und zur heißen Milch geben. Unter ständigem Rühren mit dem Schneebesen aufkochen lassen, von der Kochstelle nehmen und den steifen Eischnee unterziehen. Eine Glasschale zur Hälfte füllen und kalt stellen.

Für die Weinschaumcreme die Speisestärke mit dem Wasser anrühren. Das Eigelb, Zucker, Zitronensaft, Wein und Speisestärke in einen Topf geben, gut vermischen und die Masse unter Rühren erhitzen, bis eine Kochblase aufsteigt, von der Kochstelle nehmen und noch 3–4 Minuten zum Abkühlen schlagen. Die Weinschaumcreme eßlöffelweise auf den Flammeri geben. Der Flammeri sollte kalt sein, sonst mischt er sich mit dem Schaum und wird wieder flüssig. Die Speise bald verzehren.

Mascarpone-Becher

(ohne Foto)

Für den Mascarponebecher:

400 g Mascarpone (italienischer Weichkäse)
Schale und Saft von ½ Zitrone (unbehandelt)
2 Eigelb
120 g Zucker
2 Eiweiss
300 g Erdbeeren
1 Gläschen Orangenlikör
einige Pistazien oder Zitronenmelisse

Für den Mascarponebecher den Mascarpone mit der Zitronenschale und -saft, Eigelb und 80 g von dem Zucker mit dem Schneebesen oder Handrührgerät cremig rühren. Zum Schluß das steifgeschlagene Eiweiß unter den Mascarpone ziehen. Die gewaschenen, gut getrockneten Erdbeeren halbieren, mit dem restlichen Zucker und dem Orangenlikör vermischen. Die Hälfte der Erdbeeren in 4 Becher geben, die Hälfte der Mascarponecreme darüber, wieder Erdbeeren und zum Abschluß den restlichen Mascarpone in die Becher geben. In die Mitte jedes Bechers einen abgezogenen Pistazienkern oder Zitronenmelisse als Garnitur setzen.

BEERENBALLETT ROT-WEISS

Für den Pudding:

1 Pck. Pudding-Pulver Sahne- oder Vanille-Geschmack
500 ml (1/2 l) Milch
40 g Zucker
1 Becher (125 g) Crème double

Für das Fruchtmus:

150 g Himbeeren
150 g vorbereitete rote Johannisbeeren
Zucker
2 EL Himbeergeist
2 EL rote Johannisbeeren
Zitronenmelisse

Für den Pudding aus dem Pudding-Pulver mit Milch und Zucker nach der Packungsanleitung einen Pudding zubereiten, abkühlen lassen und ab und zu durchrühren. Unter den erkalteten Pudding die Crème double schlagen.

Für das Fruchtmus die Himbeeren verlesen, die Johannisbeeren waschen, abtropfen lassen und beide Früchte pürieren. Das Fruchtmus nach Belieben durch ein Sieb streichen, mit Zucker abschmecken und den Himbeergeist unterrühren. Den Pudding und die Sauce auf einem großen Teller anrichten. Das Dessert mit Johannisbeeren und Zitronenmelisseblättchen garnieren.

Aprikosen-Vanille-Pudding

Für den Pudding die Aprikosenhälften abtropfen lassen. 10 Hälften in Spalten schneiden. Davon einige auf 4 mit kaltem Wasser ausgespülte Förmchen (Tassen) verteilen.
Aus dem Puddingpulver mit Milch, Zucker und Eigelb nach der Packungsanleitung einen Pudding zubereiten. Die Hälfte der restlichen Aprikosenspalten unterheben und den Pudding auf die Förmchen verteilen, kalt stellen. Den Pudding mit einem Messer am Rand lösen und auf Teller stürzen.

Für die Sauce die restlichen Aprikosen pürieren, mit Puderzucker, Zitronensaft und Aprikosenlikör abschmecken. Die Sauce auf den Tellern anrichten. Das Ganze mit gehackten Pistazienkernen und den zurückgelassenen Aprikosenspalten garnieren.

Für den Pudding:

1 Dose Aprikosen
(480 g Abtropfgewicht)
1 Pck. Bourbon-Vanille Puddingpulver
500 ml (1/2 l) Milch
40 g Zucker
1 Eigelb

Für die Sauce:

Puderzucker
Zitronensaft
Aprikosenlikör
Pistazienkerne

PORTWEINCREME

1 Glas Sauerkirschen
(Abtropfgewicht 360 g)
1 geh. EL Speisestärke
2–3 EL kalter Kirschsaft
Zucker

Für die Portweincreme:
4 Blatt Gelatine, weiß
kaltes Wasser
2 Eigelb
2 Eier
80 g gesiebter Puderzucker
125 ml (1/8 l) Portwein
250 ml (1/4 l) Schlagsahne
Schokoladen-Täfelchen

Die Sauerkirschen abtropfen lassen, den Saft auffangen. Die Speisestärke mit etwas Kirschsaft anrühren, den restlichen Saft aufkochen, mit der angerührten Speisestärke binden, die Sauerkirschen unterrühren, nach Wunsch mit Zucker abschmecken, erkalten lassen und ab und zu durchrühren.

Für die Portweincreme die Gelatine nach der Packungsanleitung in kaltem Wasser einweichen lassen. Das Eigelb mit den Eiern, Puderzucker und Portwein verschlagen. Die Schüssel in ein heißes Wasserbad stellen und unter ständigem Schlagen erhitzen, bis die Masse dicklich wird. Die Gelatine unter Rühren in der Creme auflösen. Die Schüssel mit der Portweinmasse in kaltes Wasser stellen, ab und zu durchschlagen. Sobald die Masse dicklich wird, die Sahne steif schlagen und unterheben. Die Kirschen auf Portionsschälchen verteilen oder in eine große Glasschüssel geben, die Portweincreme darauf verteilen und mit Schokoladen-Täfelchen garnieren.

Mousse au Chocolat

Für die Mousse die Kuvertüre hacken und im heißen Wasserbad auflösen. Die Kuvertüre durchrühren, ins kalte Wasserbad stellen und abkühlen lassen. Das Eiweiß steif schlagen. Die Sahne mit Sahnesteif steif schlagen, die geschmolzene Kuvertüre auf den Eischnee geben, vorsichtig unterheben und dann die steifgeschlagene Sahne unterziehen. Die Masse mehrere Stunden kalt stellen, anrichten und nach Belieben mit Schlagsahne oder Schokoladentäfelchen garnieren.

(6 Portionen)

Für die Mousse:

200 g Halbbitter-Kuvertüre
100 g Vollmilch-Kuvertüre
7 Eiweiss
250 ml (1/4 l) Schlagsahne
1 Pck. Sahnesteif
Schlagsahne oder Schokoladentäfelchen

Tip

Das Dessert nach Belieben mit Puderzucker oder Kakao bestäuben und mit pürierter Fruchtsauce servieren.

CRÈME BRÛLÉE

(ohne Foto)

Für die Creme:

60 g Zucker
125 ml (1/8 l) Milch
1/2 Vanilleschote
250 ml (1/4 l) Schlagsahne
1 Prise Salz
5 Eigelb
brauner Rohrzucker

Für die Creme die Hälfte des Zuckers goldbraun karamelisieren, mit der Milch ablöschen, das ausgekratze Vanillemark und die -schote, Sahne und Salz zugeben. Die Sahnemilch so lange schwach kochen lassen, bis der Karamel gelöst ist. Das Eigelb mit dem restlichen Zucker mit einem Schneebesen gut verrühren (nicht schaumig schlagen), die Karamelflüssigkeit nach und nach unterrühren. Die Masse durch ein feines Sieb in 4–5 Förmchen füllen (die Masse sollte etwa 3 cm hoch sein). Eine Fettfangschale dick mit Papier auslegen, die Förmchen daraufstellen und so viel heißes Wasser zugießen, daß die Förmchen zu 1/3 im Wasser stehen. Die Fettfangschale in den Backofen schieben.

Ober-Unterhitze: etwa 160 °C (vorgeheizt)
Heißluft: etwa 140 °C (nicht vorgeheizt)
Gas: etwa Stufe 2 (vorgeheizt)
Backzeit: etwa 25 Minuten.

Die Förmchen herausnehmen, abkühlen lassen, dann im Kühlschrank gut durchkühlen lassen. Die Oberfläche der Creme mit Rohrzucker bestreuen und unter dem vorgeheizten Grill überbacken, bis der Zucker karamelisiert, dann sofort servieren.

MANGOCREME

(ohne Foto)

Für die Creme:

1 Pck. Gelatine gemahlen, weiß
5 EL kaltes Wasser
1 Mango (etwa 400 g)
250 ml (1/4 l) Sekt
2 TL Zitronensaft
75 g Zucker
250 ml (1/4 l) Schlagsahne

Für die Creme die Gelatine nach der Packunganleitung mit dem Wasser anrühren und zum Quellen stehen lassen. Die Mango schälen, entkernen, das Fruchtfleisch im Mixer pürieren und mit Sekt, Zitronensaft und Zucker verrühren. Die gequollene Gelatine unter Rühren erhitzen, bis sie gelöst ist, zunächst 3 EL von der Mangomasse hinzufügen und verrühren, dann unter die übrige Mangomasse schlagen und kalt stellen. Die Sahne steif schlagen. Wenn die Masse anfängt dicklich zu werden, die Sahne unterheben. Die Creme in eine Glasschale oder in Portionsgläser füllen und kalt stellen.

ZABAIONE

Für die Creme die Zutaten im heißen Wasserbad schaumig schlagen, bis die Masse dickflüssig ist. Die Zabaione sofort in Gläser füllen, mit Schokospänen bestreuen und mit Gebäck servieren.

FÜR DIE CREME:

4 EIGELB

50 G ZUCKER

100 ML MARSALA ODER PORTWEIN

SCHOKOSPÄNE, GEBÄCK

MARONEN-CREME

Für die Creme:

300 g frische Esskastanien (Maronen)
500 ml (1/2 l) Milch
50 g Zucker
8 Blatt Gelatine, weiss
40 ml Pfirsichlikör
3 Eiweiss
150 g Puderzucker
300 ml Schlagsahne

Für die Creme den Backofen auf 250 °C (Heißluft: 230 °C, Gas: Stufe 5) vorheizen. Die Maronen kreuzweise einschneiden und auf ein Backblech legen. Das Backblech in den Backofen schieben. Wenn die harte Schale platzt, die Maronen aus dem Backofen nehmen und noch heiß beide Schalen entfernen. Die Kastanien mit Milch und Zucker in einem Topf etwa 30 Minuten garen lassen. Die Gelatine nach der Packungsanleitung in kaltem Wasser einweichen. Die Maronen mit dem Pürierstab pürieren, die ausgedrückte Gelatine unter Rühren darin auflösen und den Pfirsichlikör unterrühren. Das Maronenpüree erkalten lassen. Wenn die Masse geliert, das Eiweiß steif schlagen und den Puderzucker unterrühren.
Den Eischnee vorsichtig unter das Kastanienpüree heben. Die Sahne steif schlagen und unterheben. Die Masse in eine Schüssel füllen und im Kühlschrank etwa 2 Stunden fest werden lassen.

Tip

Obstsalat dazu reichen. Dafür 2 Birnen, 2 Äpfel, jeweils 200 g Pflaumen, grüne und blaue Weintrauben mit 2 EL Zucker, 125 ml (1/8 l) Traubensaft und 1 EL Zitronensaft zu einem Obstsalat verarbeiten.

ORANGENCREME

Für die Creme die Gelatine in kaltem Wasser nach Packungsanleitung einweichen. Eigelb, Puderzucker und Vanillin-Zucker mit dem Handrührgerät mit Rührbesen schaumig schlagen. Erst die Dickmilch, dann die Orangenschale und -saft, Zitronensaft und Orangenlikör unterrühren. Die Gelatine ausdrücken und bei schwacher Hitze in einem Topf auflösen. Die Gelatine mit etwas Orangencreme verrühren, dann unter Rühren in die restliche Orangencreme geben. Die Creme kalt stellen und halbfest gelieren lassen. Die Sahne steif schlagen und mit einem Schneebesen unter die Creme ziehen, in Dessertschälchen füllen und im Kühlschrank für 2 Stunden kalt stellen.

Zum Verzieren die Kumquats unter heißem Wasser abspülen, abtrocknen und in Scheiben schneiden. Die Orangencreme damit anrichten und mit Minze garnieren.

Für die Creme:

6 Blatt Gelatine, weiss
4 Eigelb
75 g gesiebter Puderzucker
1 Pck. Vanillin-Zucker
200 g Dickmilch
Schale und Saft von
1 Orange (unbehandelt)
Saft von 1 Zitrone
2 EL Orangenlikör
250 ml (1/4 l) Schlagsahne

Zum Verzieren:

10 Kumquats
Minzeblättchen

Tip

Anstelle der Kumquats können auch Orangenfilets zum Verzieren verwendet werden.

Küsterpudding

Für den Pudding:
6 Eiweiss
1 EL kaltes Wasser
125 g Zucker

Für die Schokoladensauce:
100 ml Schlagsahne
100 ml Milch
200 g Zartbitter-Schokolade
Orangenfilets von 1 Orange
Orangeschalenstreifen (unbehandelt)

Für den Pudding das Eiweiß mit dem Wasser steif schlagen, den Zucker nach und nach unterschlagen. Eine Eisbomben- oder eine hohe Auflaufform gut einfetten und die Eiweißmasse einfüllen (darauf achten, daß keine Luftblasen entstehen). Die Form mit einem gefetteten Deckel oder gefetteter Alufolie abdecken und in ein Gefäß mit siedendem Wasser in den Backofen stellen. Nach der Hälfte der Garzeit, den Deckel (Alufolie) entfernen.

Ober-/Unterhitze: etwa 170 °C (vorgeheizt)
Heißluft: –
Gas: Stufe 2–3 (vorgeheizt)
Garzeit: etwa 45 Minuten.
Den Pudding auf eine Platte stürzen und kühl stellen.

Für die Schokoladensauce die Sahne mit der Milch erhitzen und die in Stücke gebrochene Schokolade darin auflösen, etwas abkühlen lassen. Etwas lauwarme Sauce über den Pudding geben, den Rest dazu reichen. Den Pudding mit Orangenfilets und Orangenschalenstreifen garnieren.

Erdbeer-Charlotte

(8 Portionen)

Für die Creme:

500 g Erdbeeren
4 Eigelb
4 EL Zucker
1 Pck. Vanillin-Zucker
Saft von 1 Zitrone
250 ml (1/4 l) Schlagsahne
200 ml Milch
9 Blatt Gelatine, weiß
2 Becher (300 g) Crème fraîche
Zucker
etwa 20 Löffelbiskuits
Erdbeeren

Für die Creme die Erdbeeren waschen, gut abtropfen lassen, entstielen und halbieren. Das Eigelb mit Zucker, Vanillin-Zucker und Zitronensaft schaumig schlagen. Die Sahne und die Milch unterrühren. Die Gelatine in kaltem Wasser nach der Packungsanleitung einweichen, bei schwacher Hitze auflösen und unter Rühren in die Eier-Sahne-Masse geben. Die Masse kalt stellen und halbfest gelieren lassen. Die Crème fraîche unterziehen. Eine Schüssel am Boden und am Rand mit Fett ausstreichen und mit Zucker ausstreuen. Die Biskuits senkrecht mit der gezuckerten Seite an den Schüsselrand stellen. Ein Drittel der Creme in die vorbereitete Schüssel füllen und darauf die Hälfte der Erdbeeren verteilen. Die Hälfte der übrigen Creme über die Erdbeeren streichen. Die restlichen Erdbeeren und dann die restliche Creme darauf geben. Die Form zugedeckt im Kühlschrank 10 Stunden durchkühlen lassen, auf eine Platte stürzen und mit Erdbeeren garnieren.

Tip

Anstelle der Erdbeeren kann auch 1 Dose Ananas (Abtropfgewicht etwa 480 g) verwendet werden.

HEISSGELIEBTE DESSERTS

LUFTIG-LEICHT, FLAMBIERT UND GRATINIERT

Blätterteig-Marzipan-Törtchen

(Foto Seite 36/37)
(etwa 9 Stück)

Für den Teig:
6 quadratische TK-Blätterteigplatten

Für den Belag:
200 g Marzipan-Rohmasse
2 Eigelb
1 Becher (125 g) Crème double
abgeriebene Schale und Saft von ½ Zitrone (unbehandelt)
1 Dose Pfirsiche (480 g Abtropfgewicht)
175 g frische Himbeeren
Puderzucker

Für den Teig die Blätterteigplatten abgedeckt auftauen lassen. Tortelettförmchen (Ø etwa 9 cm) ausfetten. Aus den Blätterteigplatten Teigkreise (Ø etwa 11 cm) ausstechen und in die Tortelettförmchen legen, am Rand und Boden etwas andrücken. Die Teigreste aufeinanderlegen, ausrollen und ausstechen.

Für den Belag die Marzipan-Rohmasse in Stücke schneiden und nach und nach mit Eigelb, Crème double, Zitronenschale und -saft verrühren. Jeweils etwa 1 EL der Marzipan-Masse in jedes Förmchen geben und glattstreichen. Die Pfirsiche auf ein Sieb zum Abtropfen geben, in Spalten schneiden und schuppenförmig auf die Füllung legen. Die Förmchen auf dem Rost in den Backofen schieben.

Ober-/Unterhitze: etwa 220 °C (vorgeheizt)
Heißluft: 180–200 °C (nicht vorgeheizt)
Gas: Stufe 4–5 (vorgeheizt)
Backzeit: 25–35 Minuten.

Die Törtchen aus den Förmchen lösen und auf einem Kuchenrost erkalten lassen. Die Törtchen lauwarm oder kalt mit den verlesenen Himbeeren belegen, mit Puderzucker bestäubt servieren.

Tip

Für die Nudelsäckchen (Seite 39) die Garflüssigkeit der Nudeln durch ein Sieb giessen, 500 ml (½ l) abmessen (evtl. mit Wein, Wasser oder Apfelsaft ergänzen). Aus der Flüssigkeit mit 1 Pck. Puddingpulver Vanille-Geschmack einen Pudding zubereiten.

Nudelsäckchen mit Brombeer-Käse-Füllung

Für den Teig das Mehl in eine Rührschüssel sieben. Die übrigen Zutaten hinzufügen und mit dem Handrührgerät mit Knethaken zu einem Teig verarbeiten. Auf der Arbeitsfläche nochmals gut durchkneten, den Teig in Sichtfolie gewickelt etwa 1 Stunde im Kühlschrank ruhen lassen.

Für die Füllung den Schmelzkäse durch ein Sieb streichen, Quark, zerriebenen Zwieback, Zucker, Zitronenschale und -saft unterrühren.
Den Teig zu einem Rechteck (45 x 60 cm) ausrollen und in 15 x 15 cm große Quadrate schneiden. Die Käsefüllung in die Mitte geben und jeweils 2–3 Brombeeren hineindrücken. Die Teigenden zusammendrücken, so daß die Form eines Säckchens entsteht.

Zum Garen den Wein mit dem Zucker zum Kochen bringen und die Nudelsäckchen 6–7 Minuten darin bei schwacher Hitze garen. Die Nudelsäckchen mit der Butter und dem Mohn anrichten.

Für den Nudelteig:

200 g Weizenmehl
2 Eier
evtl. 1 EL Wasser
1 Prise Salz

Für die Füllung:

100 g Sahneschmelzkäse
100 g Speisequark (20 %)
40 g Aniszwieback
1 geh. EL Zucker
abgeriebene Schale und Saft von 1 Zitrone (unbehandelt)
150 g vorbereitete Brombeeren

Zum Garen:

750 ml (3/4 l) Weisswein (z.B. Gewürztraminer)
75 g Zucker
50 g zerlassene, leicht gebräunte Butter
70 g gemahlener Mohn

(Tip siehe Seite 38)

Rhabarberauflauf

Für den Auflauf:

1 kg Rhabarber
125 g Zucker
abgeriebene Schale von 1 Zitrone (unbehandelt)
3 EL Butter
200 g zerbröckelter Zwieback
50 g gehackte Haselnusskerne
3 gut geh. EL Zucker
2 Pck. Vanillin-Zucker
2 Eiweiss, 2 EL Zucker

Für den Auflauf den Rhabarber putzen (nicht abziehen), waschen, in etwa 2 cm lange Stücke schneiden und mit Zucker bestreuen. Sobald der Rhabarber Saft gezogen hat, die Zitronenschale hinzufügen. Den Rhabarber in 5–10 Minuten weich dünsten lassen. Die Butter zerlassen und den Zwieback darin anbräunen. Den Zucker mit Vanillin-Zucker mischen, hinzufügen und unter Rühren mitbräunen lassen. Den Zwieback, die Nüsse und das Rhabarberkompott lagenweise in eine gefettete, flache Auflaufform schichten. Das Eiweiß steif schlagen, mit Zucker süßen und gleichmäßig auf den Rhabarberauflauf streichen. Die Auflaufform auf dem Rost in den Backofen schieben und den Auflauf goldgelb backen lassen.

Ober-/Unterhitze: etwa 250 °C (vorgeheizt)
Heißluft: etwa 230 °C (nicht vorgeheizt)
Gas: etwa Stufe 6 (vorgeheizt)
Backzeit: 3–5 Minuten.

Tip

Die Hälfte des Rhabarbers kann auch durch Erdbeeren ersetzt werden, die allerdings nicht gedünstet werden sollten. Dafür die Erdbeeren mit dem Rhabarberkompott in die Auflaufform schichten.

Gewürz-Pudding

(6 Portionen)

Für den Teig:

100 g Rosinen
50 ml Rum
250 g altbackenes Weissbrot
125 g Butter
250 ml (1/4 l) Milch
70 ml Rotwein
5 Eier
80 g Zucker
1 Msp. gemahlener Zimt
1 Msp. gemahlene Nelken
abgeriebene Schale von je 1/2 Orange und Zitrone (unbehandelt)
100 g gehackte Mandeln
je 50 g gehacktes Orangeat und Zitronat
Butter
Semmelbrösel
Puderzucker

Für die Sauce:

375 g Erdbeeren
25 g Puderzucker

Für den Teig die Rosinen in Rum einlegen. Das Weißbrot in kleine Würfel schneiden. Die Butter in einer Pfanne schmelzen und die Brotwürfel darin goldgelb anrösten. Die Milch, Rotwein, Eier, Zucker, Zimt, Nelken, Orangen- und Zitronenschale mit dem Schneebesen gründlich schlagen. Die Eiermilch über die gerösteten Brotwürfel gießen. Die Rosinen, Mandeln, Orangeat und Zitronat ebenfalls unter die Brotwürfel mischen. Eine Kochpuddingform mit Butter einfetten, mit Semmelbröseln ausstreuen und die Mischung einfüllen. Dabei oben einen gut fingerbreiten Raum freilassen, da sich die Masse beim Kochen ausdehnt. Die Puddingform verschließen. In einem hohen Topf auf ein Gittersieb stellen und bis zur halben Höhe der Form heißes Wasser einfüllen. Mit dem Deckel verschließen und bei leichter Wärmezufuhr etwa 1 ½ Stunden garen. Den Pudding sofort nach der Garzeit vorsichtig aus der Form lösen und mit Puderzucker bestreuen.

Für die Sauce die Erdbeeren mit dem Puderzucker fein pürieren und um den Pudding gießen.

Griess-Soufflés

(6 Portionen)

Für den Teig:
30 g Butter
300 ml Milch
½ Vanilleschote
1 Prise Salz
50 g Hartweizengriess
3 Eigelb
abgeriebene Schale von
½ Zitrone (unbehandelt)
1 EL Rum
3 Eiweiss
50 g Zucker

Für die Fruchtsauce:
300 g rote und schwarze
Johannisbeeren
Zucker

Für den Teig die Butter mit der Milch, der aufgeschnittenen und ausgeschabten Vanilleschote und Salz zum Kochen bringen, den Grieß unter Rühren einstreuen. Die Grießmasse unter Rühren 2 Minuten kochen lassen, die Masse in eine Schüssel geben und nach und nach das Eigelb, Zitronenschale und Rum unterrühren. Das Eiweiß steif schlagen, nach und nach den Zucker unterschlagen. Den Eischnee unter die Grießmasse heben. Die Masse in gefettete, mit Zucker ausgestreute Förmchen (Ø etwa 8 cm) füllen (bis 1 cm unter dem Rand, die Masse geht während des Garens auf). Eine Fettfangschale mit Küchenpapier auslegen, die Förmchen daraufstellen und so viel heißes Wasser zugießen, daß die Förmchen zu ⅓ im Wasser stehen. Die Fettfangschale in den vorgeheizten Backofen schieben.

Ober-/Unterhitze: etwa 220 °C
Heißluft: etwa 200 °C
Gas: Stufe 4–5
Backzeit: 20–25 Minuten.

Für die Sauce die Johannisbeeren pürieren, mit Zucker abschmecken.

Zimtrollies

(ohne Foto)

Für die Vanillesauce:
500 ml (½ l) Milch
1 Pck. Dessert-Sosse
Vanille-Geschmack
30 g Zucker

Für die Rollies:
500 ml (½ l) Milch
4 altbackene Brötchen
2 Pck. Vanillin-Zucker
50–75 g Butter
50–75 g Zimt-Zucker

Für die Vanillesauce aus der Milch, der Dessert-Soße und dem Zucker nach der Packungsanleitung eine Sauce zubereiten und unter Rühren erkalten lassen.

Für die Rollies von den Brötchen die Kruste abreiben und aufheben. Die Brötchen halbieren. Die Milch erwärmen, den Vanillin-Zucker unterrühren und über die Brötchen gießen. Nach etwa 15 Minuten die Brötchen vorsichtig ausdrücken, in den Brötchenbröseln wenden und in der Butter goldbraun braten.

Zum Wälzen die Rollies im Zimt-Zucker wenden, mit der Sauce servieren.

Apfelklösse

Für den Teig:

2 Brötchen (Semmeln)
50 g weiche Butter
2 Eier
1 Prise Salz
250 g Weizenmehl
3 EL Milch
500 g Äpfel
kochendes Salzwasser

Für den Teig die Brötchen in kaltem Wasser einweichen. Die Butter geschmeidig rühren und nach und nach die gut ausgedrückten Brötchen, Eier und Salz hinzufügen. Das Mehl sieben und abwechselnd mit der Milch unterrühren. Die Äpfel schälen, vierteln, entkernen, in ganz kleine Stücke schneiden und unter den Teig rühren. Mit einem in heißes Wasser getauchten Eßlöffel Klöße abstechen, in kochendes Salzwasser geben, zum Kochen bringen und in etwa 15 Minuten gar ziehen lassen (das Wasser muß sich leicht bewegen).

Beigabe: Zucker und Zimt.

Beerenpielen

Die Beeren mit der Orangenschale und dem Kirschwasser marinieren, etwas Zucker darüberstreuen und 1 Stunde ziehen lassen. Die Milch mit dem restlichen Zucker und den gehackten Mandeln bis zum Kochen erhitzen und über die Beeren gießen. Eine Glasschale mit einer Schicht Brotscheiben auslegen und ein Drittel der Beerenmilch darübergießen. Auf diese Weise drei Schichten mit Brot und Beerenmilch bilden. Zum Schluß den Farinzucker darüberstreuen und gut durchziehen lassen.

Für die Vanillesauce 3 EL von der Milch abnehmen und die restliche Milch, Zucker und die aufgeschnittene Vanilleschote aufkochen. Die Speisestärke mit der Milch und dem Eigelb anrühren, zur kochenden Milch geben und kurz aufkochen lassen. Die Sauce heiß oder kalt zu den Beerenpielen servieren.

Für die Beerenpielen:

250 g frische oder TK-Beeren
abgeriebene Schale von 1 Orange (unbehandelt)
30 ml Kirschwasser
125 g Zucker
500 ml (1/2 l) Milch
50 g gehackte Mandeln
500 g altbackenes Weissbrot
2 EL brauner Farinzucker

Für die Vanillesauce:

500 ml (1/2 l) Milch
30 g Zucker
1/2 Vanilleschote
2 TL Speisestärke
2 Eigelb

Tip

Damit die Vanillesauce keine Haut bekommt, die warme Sauce mit Frischhaltefolie zudecken oder mit Zucker bestreuen. So kann sie schon Stunden vor der Verwendung zubereitet werden.

Arme Ritter

500 ml (1/2 l) Milch
3 Eier
1 Pck. Vanillin-Zucker
1 Prise Salz
8 Scheiben altbackenes Weissbrot
Butter oder Margarine

Für die Cremesauce:
1 Becher (125 g) Crème double
1 Ei
1/2–1 EL Zucker
1–2 EL Cointreau
gezuckertes Beerenobst

Die Milch mit den Eiern, Vanillin-Zucker und Salz verschlagen, über die Weißbrotscheiben gießen, einweichen, bis die Milch aufgezogen ist (die Scheiben dürfen jedoch nicht zu weich werden). Butter oder Margarine erhitzen und die abgetropften Brotscheiben darin knusprig braun backen.

Für die Cremesauce die Crème double mit dem Ei im heißen Wasserbad aufschlagen, bis eine dickliche Creme entstanden ist (nicht kochen lassen), mit Zucker und Cointreau abschmecken und mit dem Beerenobst zu den Armen Rittern servieren.

Tip

Die Armen Ritter können auch ganz einfach mit Zimt und Zucker und Kompott serviert werden.

SWEETHEART

Für die Füllung die Himbeeren verlesen, nicht waschen, pürieren, durch ein Sieb streichen und mit dem Puderzucker verrühren. Die Sahne mit Sahnesteif und Vanille-Zucker steif schlagen, das Himbeerpüree vorsichtig unterheben.

Für den Teig die Crème fraîche mit dem Handrührgerät mit Rührbesen auf höchster Stufe kurz verrühren, nach und nach den Zucker, Zitronenschale und Salz unterrühren, bis eine gebundene Masse entstanden ist. Die Eier nach und nach unterrühren (jedes Ei etwa ½ Minute). Das Mehl mit dem Backpulver mischen, sieben und portionsweise auf mittlerer Stufe unterrühren. Den Teig in nicht zu großen Portionen in ein gut erhitztes, ausgefettetes Waffeleisen füllen und die Waffeln goldbraun backen, einzeln auf einem Kuchenrost erkalten lassen.

Zum Garnieren die Waffelherzen mit Himbeersahne füllen und auf Tellern mit den Früchten und Zitronenmelisse anrichten, mit Puderzucker bestäubt servieren.

Für die Füllung:

250 g Himbeeren
1 EL gesiebter Puderzucker
250 ml (¼ l) Schlagsahne
1 Pck. Sahnesteif
1 Pck. Vanillin-Zucker

Für den Teig:

2 Becher (je 150 g) Crème fraîche
100 g Zucker
1 Pck. Vanillin-Zucker
abgeriebene Schale von ½ Zitrone (unbehandelt)
1 Prise Salz
3 Eier
250 g Weizenmehl
1 gestr. TL Backpulver
Speiseöl

Zum Garnieren:

einige Blaubeeren und Himbeeren
Zitronenmelisseblättchen
Puderzucker

NUDELBONBONS MIT PFLAUMEN-MARZIPAN

Für den Nudelteig:

100 g Weizenmehl
1 Ei
1 Prise Salz
je 1 TL Speiseöl und Wasser
80 g geriebener Gouda

Für die Füllung:

12 frische Pflaumen oder
½ Stunde eingeweichte
Trockenpflaumen
100 g Marzipan-Rohmasse
1 EL Zwetschenwasser
Puderzucker

Zum Garen:

1 l Milch
1 Vanilleschote
3 EL Zucker
1 Prise Salz

Für die Sauce:

1 Glas Mirabellen
(385 g Abtropfgewicht)
3–4 EL Zwetschenwasser
evtl. etwas Zucker

Zum Bestreuen:

2–3 EL Mohn
Zitronenmelisseblättchen

Für den Teig das Mehl in eine Rührschüssel sieben, das Ei, Salz, Öl und Wasser hinzufügen und mit dem Handrührgerät mit Knethaken zu einem Teig verarbeiten. Auf der Arbeitsfläche nochmals gut durchkneten. Den Teig zu einem großen Rechteck ausrollen. Auf eine Teighälfte die Hälfte des Käses streuen, die andere Hälfte darüberklappen, nochmals ausrollen und mit dem restlichen Käse genauso verfahren. Den Teig zu einem Rechteck (30 x 40 cm) ausrollen.

Für die Füllung die Pflaumen waschen, abtrocknen, entsteinen. Die Trockenpflaumen trockentupfen und aufschneiden. Das Marzipan mit dem Zwetschenwasser verkneten, auf Puderzucker zu einer Rolle formen, in 12 Stücke schneiden, diese rund formen und die Pflaumen damit füllen. Den Nudelteig in etwa 10 x10 cm große Quadrate schneiden, die Ränder mit Wasser bepinseln, in die Mitte je 1 Pflaume legen, die Nahtstellen gut zusammendrücken und zu „Bonbons" drehen.

Zum Garen die Milch mit dem ausgekratzten Vanillemark und der -schote, Zucker und Salz zum Kochen bringen, die Nudelbonbons 7–8 Minuten darin schwach kochen lassen.

Für die Sauce die abgetropften Mirabellen pürieren, evtl. etwas Saft hinzufügen, wenn die Masse zu dick ist. Das Zwetschenwasser hinzufügen, mit Zucker abschmecken und etwas Sauce auf die Teller gießen.

Zum Bestreuen die abgetropften Nudelbonbons mit Mohn bestreuen und auf der Sauce anrichten. Mit Zitronenmelisseblättchen garnieren und sofort servieren. Die restliche Sauce dazu reichen.

HEFEWAFFELN MIT KIRSCHKOMPOTT

Für den Teig:

½ Pck. Trockenhefe
½ TL Zucker
3 EL lauwarme Milch oder Wasser
125 g weiche Butter oder Margarine
50 g Zucker
1 Pck. Vanillin-Zucker
½ Pck. geriebene Zitronenschale
1 Prise Salz
3 Eier
250 g Weizenmehl
125 ml lauwarme Milch oder Wasser

Zum Servieren:

angedicktes Kirschkompott
Vanilleeis
Kakaopulver
Puderzucker

Für den Teig die Hefe mit dem Zucker und der Milch anrühren und etwa 15 Minuten stehen lassen. Die Butter oder Margarine mit dem Handrührgerät mit Rührbesen auf höchster Stufe geschmeidig rühren. Nach und nach den Zucker, Vanillin-Zucker, Zitronenschale und Salz unterrühren. Die Eier nach und nach unterrühren (jedes Ei etwa ½ Minute). Das Mehl sieben und abwechselnd mit der angesetzten Hefe unterrühren. Den Teig so lange an einem warmen Ort gehen lassen, bis er sich sichtbar vergrößert hat und ihn dann nochmals durchschlagen.
Den Teig in nicht zu großer Menge in ein gefettetes, gut erhitztes Waffeleisen füllen, etwas verstreichen und die Waffeln goldbraun backen.

Zum Servieren die Waffeln mit Kompott und Eis anrichten und nach Belieben mit Kakao oder Puderzucker bestäuben.

BACKOBSTKOMPOTT MIT KLÖSSEN

Für das Kompott das Backobst etwa 1 Stunde in Wasser einweichen, mit dem Rotwein, der Zimtstange und dem Zucker etwa 15 Minuten weich kochen und die Zimtstange entfernen. Die Speisestärke mit Wasser anrühren und das Kompott damit binden, abkühlen lassen.

Für die Klöße das Mehl mit der Milch und der Butter (20 g) verrühren, bei kleiner Hitze im Topf unter ständigem Rühren zum Kloß abbrennen und etwas ausdampfen lassen. Die Brötchen in kleine Würfel schneiden und in der restlichen Butter goldgelb rösten. Das Eigelb mit den Knethaken des Handrührgerätes nach und nach mit dem Mehlkloß verrühren, die Brötchenwürfel und den Grieß unterheben. Das Eiweiß steif schlagen und unterheben. In einem Topf reichlich Salzwasser zum Kochen bringen, mit einem Eßlöffel etwa 16 Klößchen abstechen und 5–8 Minuten ziehen lassen. Die Klöße zwischendurch mit einem Schaumlöffel wenden. Die Klöße abtropfen lassen. Den Zucker mit Zimt mischen, über die Klöße streuen und mit dem Kompott servieren.

FÜR DAS KOMPOTT:

500 G GEMISCHTES BACKOBST
250 ML (1/4 L) WASSER
250 ML (1/4 L) ROTWEIN
1 ZIMTSTANGE
40 G ZUCKER
20 G SPEISESTÄRKE
2 EL WASSER

FÜR DIE KLÖSSE:

125 G GESIEBTES WEIZENMEHL
375 ML (3/8 L) MILCH
100 G BUTTER
2 BRÖTCHEN
4 EIGELB
40 G WEIZENGRIESS
4 EIWEISS
SALZWASSER
60 G ZUCKER
1 TL GEMAHLENER ZIMT

Tip

BACKOBST SCHMECKT INTENSIVER, WENN ES IN SCHWARZEM TEE EINGEWEICHT WIRD.

Kirsch-Gratin

(2–3 Portionen)

Für das Gratin:

2 Scheiben Pumpernickel
250 g Sauerkirschen
3 EL gemahlene Mandeln
20 ml Kirschwasser
3 EL Zucker
2 Eiweiss
1 Pck. Vanillin-Zucker
3 EL abgezogene, gehobelte Mandeln

Tip

Die Kirschen vor dem Entsteinen einige Minuten ins Gefrierfach legen. Die Früchte werden fester, und der Stein lässt sich dann leichter entfernen.

Für das Gratin den Pumpernickel fein würfeln. Die Sauerkirschen waschen und entsteinen. Beides mit Mandeln, Kirschwasser und Zucker mischen, eine Stunde ziehen lassen. Das Kirschgemisch in eine flache Auflaufform geben. Das Eiweiß mit Vanillin-Zucker steif schlagen, auf den Kirschen verteilen, Mandelblättchen darüberstreuen und alles unter dem Grill kurz überkrusten, bis es goldbraun geworden ist.

Grillzeit: etwa 5 Minuten.

GEBACKENE ZIMTÄPFEL

Die Äpfel waschen, abtrocknen, halbieren, das Kerngehäuse großzügig herausschneiden. Die Zitronenschale, Marzipan-Rohmasse, Rosinen, Walnußkerne und Zimt mit dem Mineralwasser zu einer geschmeidigen Masse verrühren, in die Äpfel streichen, die Äpfel zusammenklappen und in eine gefettete Auflaufform legen, mit Butterflöckchen belegen und mit Zucker bestreuen. Die Form auf dem Rost in den Backofen schieben.

Ober-/Unterhitze: etwa 200 °C (vorgeheizt)
Heißluft: etwa 180 °C (nicht vorgeheizt)
Gas: Stufe 3–4 (vorgeheizt)
Backzeit: etwa 15–20 Minuten.

Für den Vanilleschaum die Sahne mit der Milch und dem Vanillemark aufkochen, von der Kochstelle nehmen. Das Eigelb mit dem Zucker dickschaumig schlagen, die Vanilleflüssigkeit unterschlagen und die Masse im heißen Wasserbad bis kurz vor dem Kochen erhitzen und durch ein Sieb passieren.
Die Äpfel auf Tellern anrichten, mit Puderzucker und Zimt bestreuen und etwas Vanilleschaum dazu gießen; den restlichen Vanilleschaum dazu reichen.

(6 PORTIONEN)

6 MITTELGROSSE ÄPFEL

FÜR DIE FÜLLUNG:

ABGERIEBENE SCHALE VON 1 ZITRONE (UNBEHANDELT)
50 G MARZIPAN-ROHMASSE
50 G KLEINGEHACKTE ROSINEN
50 G GEHACKTE WALNUSSKERNE
1/2 TL GEMAHLENER ZIMT
ETWA 3 EL MINERALWASSER
2 EL BUTTER, 2 EL ZUCKER

FÜR DEN VANILLESCHAUM:

125 ML (1/8 L) SCHLAGSAHNE
125 ML (1/8 L) MILCH
MARK VON 1 VANILLESCHOTE
5 EIGELB, 1 EL ZUCKER
PUDERZUCKER
GEMAHLENER ZIMT

Bananen-Soufflé

Für das Soufflé

125 ml (1/8 l) Milch
3 Eigelb
3 EL Zucker
3 mittelgrosse reife Bananen
2–3 EL Zitronensaft
3 EL Speisestärke
3 Eiweiss
2 EL Zucker

Tip

Bevor mit der Soufflé-Zubereitung begonnen wird, sollte der Backofen vorgeheizt werden, denn das Eiweiss muss durch den Hitzeschock sofort erstarren und das Grundgerüst bilden. Das Soufflé direkt nach dem Backen servieren, damit es keine Zugluft bekommt und zusammenfällt.

Für das Soufflé die Milch zum Kochen bringen und abkühlen lassen. Das Eigelb mit dem Zucker cremig schlagen und die Milch langsam dazu gießen. Die Bananen schälen, pürieren, mit dem Zitronensaft verrühren und unter die Creme heben. Die Speisestärke darüber sieben und unterrühren. Das Eiweiß steif schlagen, den Zucker einrieseln lassen und etwa 1 Minute weiterschlagen. Den Eischnee unter die Bananencreme heben. Eine große oder mehrere kleine Souffléformen ausfetten, mit Zucker ausstreuen, die Masse bis etwa 2 cm unter den Rand einfüllen und die Form auf dem Rost in den vorgeheizten Backofen schieben.

Ober-/Unterhitze: etwa 200 °C
Heißluft: etwa 180 °C
Gas: etwa Stufe 4
Backzeit: etwa 40 Minuten.

Beigabe: Schokoladensauce.

QUARK-SCHMARREN

Für den Quark-Schmarren den Quark mit dem Eigelb, Mehl und Salz gut verrühren. Das Eiweiß steif schlagen und unterheben. Die Butter in einer Pfanne zerlassen, die Quark-Masse jeweils 1 cm dick hineingeben und von beiden Seiten goldgelb backen. Den Eierkuchen dann mit 2 Gabeln in kleine Stücke zerreißen und diese unter Wenden gut bräunen, evtl. noch etwas Butter hinzufügen. Den Quark-Schmarren mit gesiebtem Puderzucker bestäuben und sofort servieren.

Beigabe: Kirschkompott.

FÜR DEN QUARK-SCHMARREN:

400 G SPEISEQUARK

3 EIGELB

4 EL GESIEBTES WEIZENMEHL

½ TL SALZ

3 EIWEISS

2 EL BUTTER

GESIEBTER PUDERZUCKER

Savarin mit Kirschen und Zimtsahne

Für den Hefeteig:

10 g Hefe, 50 ml Milch
150 g Weizenmehl
10 g Zucker, 1 Prise Salz
abgeriebene Schale von 1/4 Zitrone (unbehandelt)
2 Eier, 60 g weiche Butter
150 g Aprikosen-Konfitüre

Zum Tränken:

500 ml (1/2 l) Wasser
125 g Zucker
Schale und Saft von je 1/2 Zitrone und Orange
je 125 ml (1/8 l) Weißwein und Rum

Für die Füllung:

500 g Sauerkirschen
250 ml (1/4 l) Rotwein
200 ml Portwein
15 g Speisestärke
Saft von je 1/2 Zitrone und Orange
2–3 EL Zucker

Für die Zimtsahne:

125 ml (1/8 l) Schlagsahne
1/2 Pck. Sahnesteif
1 TL Zucker
1 gestr. TL gemahlener Zimt

Für den Hefeteig die Hefe zerbröckeln, mit der lauwarmen Milch, etwas Mehl und 1 TL von dem Zucker verrühren und abgedeckt 15–20 Minuten gehen lassen. Das restliche Mehl in eine Rührschüssel sieben, in die Mitte eine Vertiefung drücken, den restlichen Zucker, Salz, Zitronenschale, Eier und Butter an den Rand des Mehls geben. Die angesetzte Hefe in die Vertiefung geben und die Zutaten mit dem Handrührgerät mit Knethaken zunächst auf niedrigster, dann auf höchster Stufe etwa 3 Minuten kneten. Den Teig in gefettete Savarinförmchen füllen und abgedeckt gehen lassen, bis sich der Teig sichtbar vergrößert hat. Die Förmchen auf dem Rost in den Backofen schieben.

Ober-/Unterhitze: etwa 220 °C (vorgeheizt)
Heißluft: etwa 200 °C (nicht vorgeheizt)
Gas: Stufe 4–5 (vorgeheizt)
Backzeit: 12–18 Minuten.

Zum Tränken das Wasser mit dem Zucker, der Schale und dem Saft der Zitrone und Orange aufkochen, den Weißwein und den Rum unterrühren. Die Savarins aus den Förmchen stürzen, heiß in die Tränkflüssigkeit tauchen und auf Teller legen. Die Konfitüre durch ein Sieb streichen und die Savarins damit bestreichen.

Für die Füllung die Kirschen waschen, abtropfen lassen, entstielen, entsteinen und mit dem Rot- und Portwein aufkochen. Die Speisestärke mit dem Zitronen- und Orangensaft und Zucker anrühren und die Kirschen damit binden.

Für die Zimtsahne die Sahne mit Sahnesteif und Zucker steif schlagen, den Zimt unterrühren. Die Kirschen in die Savarins füllen, die Zimtsahne auf den Rand geben oder dazu reichen, sofort servieren.

Crêpes „Suzette"

(6 Portionen)

Für den Teig:

100 g Weizenmehl
1 Prise Salz
30 g Zucker
2 Eier
250 ml (1/4 l) Milch
80 g Butter

2 Orangen (unbehandelt)
10 Stück Würfelzucker
50 g Butter
50 g Zucker
2 EL Zitronensaft
125 ml (1/8 l)
Orangensaft
3 EL Orangenlikör

Für den Teig das Mehl in eine Rührschüssel sieben, das Salz, den Zucker und die Eier hinzufügen und mit dem Handrührgerät mit Rührbesen unterrühren. Nach und nach die Milch und 1 EL zerlassene Butter unterrühren. Etwas von der restlichen Butter in einer Pfanne erhitzen. Eine dünne Teiglage hineingeben, von beiden Seiten goldgelb backen und zusammenschlagen. Aus dem restlichen Teig dünne Crêpes auf die gleiche Weise zubereiten.

Die Orangen heiß waschen und abtrocknen. Mit den Ecken von dem Würfelzucker die Orangenschale abreiben. Die Butter in einer Stielpfanne (Flambierpfanne) erhitzen, den Würfelzucker und Zucker darin auflösen und bräunen lassen. Den Zitronensaft und Orangensaft hinzufügen, erhitzen, die zusammengeklappten Crêpes hineinlegen, ebenfalls erhitzen und ab und zu mit der Flüssigkeit begießen. Die Crêpes mit Orangenlikör flambieren.

OMELETT SURPRISE

(6–8 Portionen)

250 g entsteinte Schattenmorellen (aus dem Glas)
100 g Marzipan-Rohmasse
50 g Pistazienkerne
2–3 Tropfen grüne Lebensmittelfarbe
3 Eigelb
50 g Zucker
3 EL Honig
1 kleine Mango
750 ml (3/4 l) Schlagsahne
2 EL Zucker
3 Eiweiss
100 g feiner Zucker

Die Schattenmorellen abtropfen lassen und nebeneinander im Gefrierfach hart frieren lassen. Die Marzipan-Rohmasse mit Pistazien pürieren, mit Lebensmittelfarbe färben, Rollen (Ø etwa 5 mm) formen und etwa 5 mm lange Stückchen einfrieren. Das Eigelb mit Zucker schaumig schlagen und mit Honig verrühren. Die Mango schälen und vom Stein lösen. Das Mangofleisch pürieren und unter die Eicreme ziehen. Die Sahne mit Zucker steif schlagen, unter die Eicreme ziehen, die gefrorenen Kirschen und Marzipanstückchen unterziehen und die Masse in einer Kastenform (Inhalt 1,5 l) einfrieren. Wenn das Eis ganz durchgefroren ist (nach etwa 2 Tagen), das Eiweiß steif schlagen, den Zucker unterschlagen und die Masse in einen Spritzbeutel mit gezackter Tülle geben. Das Eis aus der Form lösen. Das Baiser auf das Eis spritzen und in den Backofen schieben.

Ober-/Unterhitze: etwa 240 °C (vorgeheizt)
Heißluft: etwa 220 °C (nicht vorgeheizt)
Gas: etwa Stufe 5 (vorgeheizt)
Backzeit: etwa 5 Minuten.

Kirschauflauf

Für den Auflauf:
250 g Weizenmehl
½ TL Backpulver
5 Eigelb
1 Pr. Salz
1 Pck. Vanillin-Zucker
1 EL Zucker
500 ml (½ l) Milch
40 g zerlassene Butter
5 Eiweiss
1 kg entsteinte Kirschen
125 g Zucker
2 Brötchen, in Scheiben geschnitten
etwas Milch
½ TL gemahlener Zimt
2 EL Kirschwasser
Zucker

Für den Auflauf das Mehl mit dem Backpulver mischen und in eine Rührschüssel sieben. Das Eigelb, Salz, Vanillin-Zucker, Zucker und Milch verquirlen und nach und nach mit dem Handrührgerät mit Rührbesen unter das Mehl rühren, zuletzt die Butter unterrühren. Das Eiweiß steif schlagen und unterheben. Die Hälfte des Teiges in eine gefettete Auflaufform geben und auf dem Rost in den Backofen schieben.

Ober-/Unterhitze: 180–200 °C (vorgeheizt)
Heißluft: 160–180 °C (nicht vorgeheizt)
Gas: Stufe 3–4 (vorgeheizt)
Backzeit: 8–10 Minuten.

¾ der Kirschen mit 75 g von dem Zucker vermengen, auf dem angebackenen Boden verteilen. Den restlichen Teig darübergeben. Die Brötchen in Milch wenden, auf den Teig legen. Den restlichen Zucker mit Zimt mischen und darüberstreuen, fertig backen. Die restlichen Kirschen mit Kirschwasser pürieren, mit Zucker abschmecken, dazu reichen.

Backtemperatur: siehe oben, Backzeit: etwa 40 Minuten.

Salzburger Nockerln

(ohne Foto)

Für die Nockerln:
4 Eiweiss
2 EL feiner Zucker
4 Eigelb
3 Tropfen Butter-Vanille Aroma
1 Prise Salz
20 g Speisestärke
20 g Butter
Puderzucker

Für die Nockerln das Eiweiß steif schlagen und nach und nach den Zucker unterschlagen. Das Eigelb, Aroma und Salz verrühren und unter den Schnee ziehen. Die Speisestärke darübersieben und unterheben. Eine flache Auflaufform mit der Butter ausfetten, die Masse in vier Hügeln hineingeben und auf dem Rost in der mittleren Schiene in den vorgeheizten Backofen schieben.

Ober-/Unterhitze: etwa 200 °C, Heißluft: etwa 180 °C
Gas: etwa Stufe 3, Backzeit: etwa 10 Minuten.

Die Nockerln mit Puderzucker übersieben und sofort servieren.

FRUCHTIGE DESSERTS

HEIMISCHE UND EXOTISCHE KOMPOSITIONEN

FEIGEN MIT ZABAIONE

(FOTO SEITE 62/63)

(2 PORTIONEN)

FÜR DIE FEIGEN:

3 FEIGEN
ABGERIEBENE SCHALE UND SAFT VON 1/2 ZITRONE (UNBEHANDELT)
1/2 TL ZUCKER

FÜR DIE ZABAIONE:

1 EIGELB, 100 ML WASSER
30 G ZUCKER
30 ML HIMBEERGEIST
1 TL SPEISESTÄRKE
KAKAOPULVER

Die Feigen waschen, in Spalten oder Scheiben schneiden, mit Zitronenschale, -saft und Zucker mischen und mindestens 2 Stunden im Kühlschrank marinieren lassen.

Für die Zabaione die Zutaten verquirlen und im warmen Wasserbad mit dem Schneebesen aufschlagen, bis die Masse dicklich wird und hochsteigt. Die Feigen auf 2 Teller verteilen, die Zabaione darübergeben, mit Kakao bestäuben und sofort servieren.

EXOTISCHER OBSTSALAT

(6 PORTIONEN)

FÜR DEN OBSTSALAT:

1 PAPAYA, 1 ANANAS
2 KIWIS, 8 LYCHEES
1/2 GALIAMELONE
1 ROSA GRAPEFRUIT
1 GRANATAPFEL, ZUCKER

FÜR DIE ZITRONENSAUCE:

2 BECHER (150 G) CRÈME FRAÎCHE, 50 ML SAHNE
1–2 EL ZUCKER
SAFT VON 1 ZITRONE
1/2 BUND MINZE

Für den Obstsalat die Papaya längs halbieren, die Kerne herauslösen, das Fruchtfleisch schälen und kleinschneiden. Die Ananas schälen, halbieren, den Strunk herausschneiden und in Stücke schneiden. Die Kiwis schälen, vierteln und kleinschneiden. Die Lychees entschalen und das Fruchtfleisch vom Kern lösen. Die Melone entkernen und Kugeln aus dem Fruchtfleisch ausstechen. Die Grapefruit dick schälen und das Fruchtfleisch filieren. Den Granatapfel quer halbieren und die Kerne herauslösen. Alle Obstsorten mit Zucker abschmecken und etwa 1 Stunde kühl stellen.

Für die Sauce die Crème fraîche mit Sahne, Zucker, Zitronensaft und kleingeschnittener Minze verrühren. Die Sauce zum Obstsalat reichen.

KALIFORNISCHER OBSTSALAT

FÜR DEN OBSTSALAT:
100 G BLAUE WEINTRAUBEN
100 G HELLE WEINTRAUBEN
100 G KLEINE ERDBEEREN
2 NEKTARINEN
100 G WASSERMELONE
100 G ORANGENFILETS
2 EL ZUCKER
1 PCK. VANILLIN-ZUCKER
60 G WALNUSSKERNE
MINZEBLÄTTCHEN ZUM GARNIEREN

Für den Obstsalat die Weintrauben, Erdbeeren und Nektarinen waschen und abtropfen lassen. Die Erdbeeren vom grünen Stengelansatz befreien und halbieren. Die Trauben ebenfalls halbieren und die Kerne mit einem spitzen Messer entfernen. Die Nektarinen in dünne Spalten und die Melone in grobe Würfel schneiden. Alle vorbereiteten Früchte zusammen mit Orangenfilets in eine Schüssel geben, mit Zucker und Vanillin-Zucker abschmecken.
Den Obstsalat in Schälchen anrichten und mit Walnußkernen und Minzeblättchen garnieren.

Beilage: Schlagsahne, mit Rum oder Eierlikör aromatisiert.

SAHNEREIS MIT GEMISCHTEN BEEREN

Für den Reis die Vanilleschote der Länge nach aufschneiden, das Vanillemark auskratzen und mit der Schote, dünn abgeschälter Zitronenschale und Salz in der Milch aufkochen. Den Reis einstreuen, in etwa 35 Minuten ausquellen lassen und die Zitronenschale und die Vanilleschote entfernen. Die Gelatine nach der Packungsanleitung in kaltem Wasser einweichen, ausdrücken und mit dem Zucker im heißem Reis auflösen, kühl stellen. Die Sahne steif schlagen. Wenn der Reis zu gelieren beginnt, die steifgeschlagene Sahne unterziehen. Die Masse in eine mit kaltem Wasser ausgespülte Gugelhupfform (1 l Inhalt) füllen, im Kühlschrank fest werden lassen und auf einen Teller stürzen.

Für die Beeren das Obst verlesen, waschen, abtropfen lassen und nach Belieben zuckern. Die Beeren zum Reis servieren.

(6 PORTIONEN)

FÜR DEN REIS:

1 VANILLESCHOTE
SCHALE VON 1/2 ZITRONE (UNBEHANDELT), SALZ
500 ML (1/2 L) MILCH
100 G MILCHREIS
4 BLATT GELATINE, WEISS
WASSER, 50 G ZUCKER
250 ML (1/4 L) SCHLAGSAHNE

FÜR DIE BEEREN:

500 G GEMISCHTE WALDBEEREN, ZUCKER

PFIRSICHE MIT SCHOKOLADENCREME

FÜR DIE SCHOKOLADENCREME:

1 PCK. FEINER SCHOKOLADEN-PUDDING
2 EL ZUCKER
400 ML MILCH
1 BECHER (125 G) CRÈME DOUBLE

FÜR DAS OBST:

4 PFIRSICHE
250 ML (1/4 L) WASSER
1 EL ZUCKER
SAFT VON 1 ZITRONE

Für die Schokoladencreme den Schokoladen-Pudding nach der Packungsanleitung – aber nur mit 400 ml Milch – zubereiten und kalt sellen.

Für das Obst die Pfirsiche kurze Zeit in kochendes Wasser legen (nicht kochen lassen), in kaltem Wasser abschrecken, enthäuten, halbieren und entsteinen. Die Pfirsichhälften mit dem Wasser, Zucker und Zitronensaft zum Kochen bringen, auf mittlerer Stufe gar dünsten, und auf Küchenpapier abtropfen lassen. Die Pfirsiche abkühlen lassen und mit der Wölbung nach unten auf eine Platte legen.
Die erkaltete Schokoladencreme gut durchrühren und auf die Pfirsichhälften verteilen. Jeweils 1 TL Crème double auf die Portionen geben, mit einem Holzstäbchen durchziehen, damit ein Muster entsteht.

Vanillebirnen mit Brombeersauce

(6 Portionen)

Für das Obst:

6 Birnen
1 Vanilleschote
1 Zitrone (unbehandelt)
75 g Zucker
500 ml (1/2 l) Wasser

Für die Brombeersauce:

500 g TK-Brombeeren
75 g gesiebter Puderzucker
125 ml (1/8 l) Rotwein
1 Orange (unbehandelt)
2 EL Kirschwasser

500 ml (1/2 l) Vanilleeis

Für das Obst die Birnen schälen, halbieren und das Kerngehäuse entfernen. Die Vanilleschote längs aufschneiden und die Zitrone in Scheiben schneiden. Die Birnen, Vanilleschote, Zitronenscheiben mit Zucker und Wasser zum Kochen bringen. Die Birnen 8–10 Minuten darin dünsten und in der Flüssigkeit abkühlen lassen.

Für die Brombeersauce die Brombeeren bei Zimmertemperatur auftauen lassen. Den Puderzucker in einer Pfanne hellbraun karamelisieren lassen, den Wein hinzugeben und so lange kochen, bis der Karamel gelöst ist. Die Hälfte der Brombeeren dazugeben und etwa 2 Minuten darin ziehen lassen. Die Brombeeren mit der Karamelsauce durch ein Sieb streichen. Die restlichen Brombeeren in die Sauce geben und zum Kochen bringen. Die Orange gründlich heiß waschen, dünn (ohne die weiße Haut) schälen, die Schale in feine Streifen schneiden, mit kochendem Wasser übergießen und abtropfen lassen. 2 Teelöffel der Schale und Kirschwasser unter die Sauce rühren und die Sauce kalt stellen.

Das Eis auf 6 Dessertteller verteilen, je 2 Birnenhälften mit etwas Brombeersauce darauf geben und mit der restlichen Orangenschale garnieren.

KLÖSSCHEN MIT ERDBEER-RHABARBER-SUPPE

(6 PORTIONEN)

FÜR DIE SUPPE:

500 ML (1/2 L) ROTWEIN
100 G ZUCKER
1 KLEINES STÜCK STANGENZIMT
2 NELKEN
ZITRONENSCHALE (UNBEHANDELT)
300 G RHABARBER
20 G SPEISESTÄRKE
250 G ERDBEEREN

FÜR DIE KLÖSSCHEN:

250 G MAGERQUARK
1 EL ZUCKER
1 EI
15 G FLÜSSIGE BUTTER
60 G WEIZENMEHL
1 PRISE SALZ
KOCHENDES WASSER
75 G KROKANT
ETWAS ZITRONENMELISSE

Für die Suppe den Rotwein mit dem Zucker, den Gewürzen und der Zitronenschale aufkochen. Den Rhabarber putzen, waschen, in kleine Stücke schneiden, in den heißen Rotwein geben und etwa 5 Minuten darin garen. Die Speisestärke mit etwas Wasser anrühren und unter Rühren in die heiße Flüssigkeit geben, kurz aufkochen, dann abkühlen lassen, die Zimtstange und Nelken entfernen. Die Erdbeeren waschen, putzen, vierteln und in die Suppe geben.

Für die Klößchen den Quark mit Zucker, Ei, Butter, Mehl und Salz zu einem Teig verrühren, etwa 1 Stunde kühl stellen.
Aus dem Teig mit zwei Teelöffeln Nocken formen, in kochendem Salzwasser bei schwacher Hitze etwa 10 Minuten ziehen lassen und mit einem Schaumlöffel herausnehmen. Die Nocken in Krokant wälzen, sofort mit der Suppe und mit der Zitronenmelisse garniert servieren.

SCHNEEKLÖSSE AUF PFIRSICH-KIWI-MARK

Für die Schneeklöße das Eiweiß steif schlagen, den Zucker und das Gewürz in zwei Portionen unterschlagen. Mit 2 Eßlöffeln Klöße formen und auf siedendes Wasser setzen, mit dem Deckel bedecken, von der Kochstelle nehmen und in etwa 3 Minuten gar ziehen lassen. Die Klöße herausheben und abtropfen lassen. Nicht zu viele Klöße auf einmal garen, da sie noch etwas aufgehen. Vor jedem Einlegen der Klöße das Wasser erhitzen.

Für das Pfirsichmark die Pfirsiche halbieren, den Stein entfernen, in Stücke schneiden und mit dem Zucker und dem Zitronensaft pürieren.

Für das Kiwimark die Kiwis schälen, kleinschneiden, pürieren und mit Vanillin-Zucker abschmecken. Die Fruchtpürees auf Teller verteilen und die Schneeklößchen daraufsetzen, mit Zitronenmelissblättchen garnieren.

Für die Schneeklösse:

2 Eiweiss

1 ½ EL Zucker

1 Msp. gemahlener Kardamom oder Zimt

Für das Pfirsichmark:

5 reife, abgezogene Pfirsiche (je 200 g)

etwa 1 EL Zucker

Saft von ½ Zitrone

Für das Kiwimark:

6 Kiwis (je 100 g)

etwas Vanillin-Zucker

Zitronenmelisseblättchen

Tip

Eiweiss wird besonders fest, wenn man sowohl das Eiweiss als auch die Schüssel und die Rührbesen vor dem Steifschlagen gut kühlt und etwas Zitronensaft oder kaltes Wasser zufügt.

Marinierte Beeren mit Zimt-Zabaione

Für die marinierten Beeren:

600 g Beerenmischung (TK)
2 EL Zucker
6 EL Pflaumenaperitif
abgeriebene Schale von
½ Limette (unbehandelt)
1 EL Limettensaft

Für die Zimt-Zabaione:

4 Eigelb
4 EL Pflaumenaperitif
250 ml (¼ l) Schlagsahne
1 TL gemahlener Zimt
1 ½ EL Zucker

Für die marinierten Beeren die aufgetauten Beeren in eine Schüssel geben, mit dem Zucker, Pflaumenaperitif, Limettenschale und -saft vorsichtig vermengen und etwa 30 Minuten ziehen lassen.

Für die Zimt-Zabaione nach etwa 20 Minuten Marinierzeit das Eigelb mit Pflaumenaperitif, Sahne, Zimt und Zucker verrühren und im heißen Wasserbad bis kurz vor dem Kochen zu einer dicklichen Creme aufschlagen. Die Zimt-Zabaione zu den Beeren servieren.

Feigen in Portwein

(ohne Foto)

Für die Feigen:

500 g frische, blaue Feigen
1 große oder 2 kleine Orangen (unbehandelt)
2 Zimtstangen
6 Nelken
4 Wacholderbeeren
250 g brauner Kandiszucker
1 Flasche (0,7 l) roter Portwein

Die Feigen vorsichtig waschen, trockentupfen, halbieren und in ein sorgfältig gespültes Glas (etwa 1,5 l Inhalt) geben. Die Orange waschen, dünn und ohne die weiße Haut schälen. Die Schalen mit Zimtstangen, Nelken, Wacholderbeeren und Kandiszucker zu den Feigen geben, mit Portwein auffüllen, das Glas verschließen, kühl stellen und die Feigen etwa 1 Woche ziehen lassen.

Tip

Dieses Dessert ist ein guter Vorrat, wenn überraschend Gäste kommen. Als Beigabe empfiehlt sich Eis oder Schlagsahne.

ROTWEINKIRSCHEN MIT MANDELSAHNE

Für die Rotweinkirschen:

500 g Sauerkirschen
50 g Zucker
500 ml (1/2 l) Rotwein
abgeriebene Schale von
1 Zitrone (unbehandelt)

Für die Mandelsahne:

250 ml (1/4 l) Schlagsahne
1 EL Zucker
2 EL abgezogene,
gemahlene Mandeln

Für die Rotweinkirschen die Sauerkirschen waschen, gut abtropfen lassen, entstielen, entsteinen, mit Zucker bestreuen, mit Wein übergießen und die Zitronenschale hinzufügen. Die Kirschen zugedeckt etwa 2 Stunden kalt stellen.

Für die Mandelsahne die Sahne steif schlagen, Zucker und Mandeln unterheben.
Die Sahne zu den Rotweinkirschen servieren.

PFIRSICHE AUF ORIENTALISCHE ART

Die Pfirsiche halbieren, entsteinen und vierteln. Den Honig erhitzen. Die Pfirsichviertel mit gemahlenem Zimt und Zitronenschale hinzufügen, im geschlossenen Topf zum Kochen bringen, 5–10 Minuten dünsten, erkalten lassen und mit Mandeln bestreuen.

Für die Joghurtsahne die Crème fraîche und den Joghurt verrühren und mit Zucker und Zitronensaft abschmecken. Die Joghurtsahne zu den Pfirsichen reichen.

Für das Obst:

1 kg enthäutete Pfirsiche
4 EL Honig, Zimt
Schale von 1 Zitrone
etwa 50 g abgezogene, geröstete Mandeln

Für die Joghurtsahne:

1 Becher (150 g) Crème fraîche
200 g Joghurt, Zucker
Zitronensaft

MARZIPAN-TIMBALE MIT BEEREN

(6–8 PORTIONEN)

FÜR DIE MARZIPAN-TIMBALE:

100 G GEMAHLENE MANDELN
200 G MARZIPAN-ROHMASSE
ROTE LEBENSMITTELFARBE
7 BLATT GELATINE, WEISS
5 EL MANDELLIKÖR
4 EL ZUCKER
250 G SAURE SAHNE

FÜR DIE BEEREN:

500 G GEMISCHTE BEEREN
500 ML (1/2 L) SCHLAGSAHNE
1 TL ZUCKER, 1 PCK. SAHNESTEIF

TIP

MARZIPAN-ROHMASSE LÄSST SICH SELBER HERSTELLEN. DAZU ETWA 100 G ABGEZOGENE, GEMAHLENE MANDELN MIT 100 G GESIEBTEN PUDERZUCKER MISCHEN UND ESSLÖFFELWEISE SO VIEL EIWEISS UNTERRÜHREN, BIS SICH ALLES ZU EINER GLATTEN MASSE VERBINDET.

Für die Timbale die Mandeln mit der Marzipan-Rohmasse verkneten und mit der Lebensmittelfarbe rosa färben. Die Masse zwischen Frischhaltefolie sehr dünn ausrollen. Eine kuppelförmige Schüssel (Inhalt 1,5 l) mit der Marzipanplatte auskleiden. Die Ränder abschneiden, verkneten und zu Schüsselbodengröße ausrollen. Die Gelatine nach der Packungsanleitung in kaltem Wasser einweichen, ausdrücken, in dem Mandellikör bei schwacher Hitze auflösen, mit dem Zucker verrühren und abkühlen lassen. Die saure Sahne unterrühren und kalt stellen.

Für die Beeren die Früchte verlesen, waschen, abtropfen lassen und etwa 300 g davon unter die Creme rühren. Die Hälfte der Sahne steif schlagen und unter die Creme ziehen. Die Creme in die Schüssel geben und mit dem Marzipandeckel verschließen. Die Timbale über Nacht kalt stellen und vorsichtig auf eine Platte stürzen.
Die restliche Sahne mit dem Zucker und Sahnesteif steif schlagen, die Timbale damit verzieren und mit den restlichen Beeren dekorieren.

KÄSE-PFLAUMEN AUF KARAMEL-KRUSTELN

Die Pflaumen waschen, gut abtropfen lassen, seitlich aufschneiden und den Kern entfernen. Den Weinkäse in 20 gleiche Teile schneiden und in die Pflaumen füllen. In einem Topf den Zucker schmelzen lassen, bis er hellbraun wird. Die Brotscheiben vierteln und mit Hilfe einer Gabel die Vorder- und Rückseite in den Karamel tauchen. Den Karamel evtl. zwischendurch wieder erwärmen, wenn er zu fest wird. Die Vollkornviertel abkühlen lassen. Die Weinkäsepflaumen mit den Karamelkrusteln anrichten.

Für die Pflaumen:

20 reife Pflaumen
125 g Weinkäse
(oder einen anderen würzigen halbfesten Schnittkäse)
4 Scheiben Vollkornbrot
150 g Zucker

Tip

Ein Glas bukettreiche Morio-Muskat-Spätlese harmoniert mit dem fruchtigen Aroma der Pflaumen, aber auch ein Gewürztraminer wäre ein passendes Getränk zu diesem Dessert.

EIS, PARFAITS & SORBETS

EISKALT UND ERFRISCHEND

Erdbeer-Rhabarber-Eis

(Foto Seite 78/79)

Für das Eis:

200 g Rhabarber
3–4 EL Wasser
200 g Erdbeeren
1 Eigelb, 75 g Zucker
1 Pck. Vanillin-Zucker
250 ml (1/4 l) Schlagsahne
150–200 g Erdbeeren

Für das Eis den Rhabarber putzen, waschen, in kleine Stücke schneiden, mit dem Wasser weich dünsten und abkühlen lassen. Den Rhabarber mit den gewaschenen, von dem Blütenansatz befreiten Erdbeeren (200 g), dem Eigelb, Zucker und Vanillin-Zucker pürieren. Die Sahne steif schlagen, unterheben und in einer Schale in den Gefrierschrank stellen.
Das Eis auf Desserttellern anrichten und mit den gewaschenen, evtl. halbierten Erdbeeren garnieren.

Joghurt-Aprikosen-Eis

(Foto Seite 78/79)

Für das Eis:

1 kleine Dose Aprikosen (Abtropfgewicht 240 g)
300 g Sahnejoghurt
50 g Zucker
1 Pck. Vanillin-Zucker
1/2 Pck. geriebene Zitronenschale
Zitronenmelisseblättchen

Für das Eis die Aprikosen abtropfen lassen, 6–8 Aprikosenhälften (je nach Größe) zurücklassen, die restlichen pürieren und mit dem Joghurt, Zucker, Vanillin-Zucker und Zitronenschale verrühren. Die Hälfte der zurückgelassenen Aprikosen in Scheiben oder kleine Stückchen schneiden und unterheben. Die Creme in einer Schale im Gefriergerät gefrieren lassen. Das Aprikosen-Joghurt-Eis mit Aprikosenspalten und Zitronenmelisse servieren.

Eiskaffee

(ohne Foto)

Für den Eiskaffee:

750 ml (3/4 l) starker Kaffee
500 ml Vanilleeis
125 ml (1/8 l) Schlagsahne
Zucker, Schokoraspeln

Für den Eiskaffee den Kaffee kalt stellen. Die Gäser zu 2/3 mit dem kalten Kaffee füllen, das Eis in Würfel schneiden und in die Gläser geben. Die Sahne nach Belieben mit etwas Zucker steif schlagen, auf das Eis spritzen und mit Schokoraspeln bestreuen.

ZITRONEN-SORBET MIT PAPAYA-SALAT

Für das Sorbet den Zucker mit dem Wasser aufkochen, rühren, bis sich der Zucker gelöst hat und abkühlen lassen. Den Zitronensaft mit dem Zuckersirup verrühren. Die Flüssigkeit halbfest gefrieren lassen, dann mit dem Pürierstab pürieren. Diesen Vorgang noch zwei- bis dreimal wiederholen, dann das steifgeschlagene Eiweiß unterheben. Das Sorbet nochmals kurz gefrieren.

Für den Salat die Papaya mit dem Sparschäler schälen, längs halbieren und die Kerne mit einem Löffel entfernen. Das Fruchtfleisch etwa 1,5 cm groß würfeln, in eine Schüssel geben. Die Pfefferminze waschen und trockenschütteln. Einige Blätter für die Dekoration zurückbehalten, die restliche Minze in Streifen schneiden. Den Honig mit dem Limettensaft und Minzeblättchen verrühren und die Papayas damit marinieren.
Das Sorbet auf Desserttellern mit dem Papayasalat anrichten und mit den Minzeblättchen dekorieren. Den restlichen Salat dazu reichen.

Für das Sorbet:

175 g Zucker
100 ml Wasser
etwa 300 ml frisch gepresster Zitronensaft
1 Eiweiss

Für den Salat:

1 reife Papaya (500 g)
einige Stengel Pfefferminze
1 EL flüssiger Honig
Saft von 1/2 Limette oder Zitrone

Lebkuchen-Parfait mit Preiselbeersauce

(6 Portionen)

Für das Parfait:
100 g Zucker
100 ml Wasser, 4 Eigelb
100 g Marzipan-Rohmasse
1 Pck. (15 g) Lebkuchengewürz
375 ml (3/8 l) Schlagsahne

Für die Sauce:
125 g rotes Johannisbeer-Gelee
1 EL Honig
250 g Cranberries oder Preiselbeeren

Zum Garnieren:
Karambolescheiben
Zitronenmelisseblättchen

Für das Parfait den Zucker und das Wasser aufkochen, bis der Zucker gelöst ist. Das Eigelb und den Sirup in einer Schüssel verrühren, in ein heißes Wasserbad stellen und dick-schaumig schlagen. Die Marzipan-Rohmasse in kleine Stücke schneiden und nach und nach unterrühren. Sollte sich die Marzipan-Masse nicht gut verrühren lassen, die Masse kurz mit dem Pürierstab des Handrührgerätes pürieren. Das Lebkuchengewürz gut unterrühren. Die Schüssel in kaltes Wasser stellen und die Creme kalt rühren. Die Sahne steif schlagen und unterziehen. Eine Kastenform mit Alufolie auslegen, die Masse einfüllen und über Nacht gefrieren lassen.

Für die Sauce das Gelee und den Honig in einen Topf geben. Die Cranberries (Preiselbeeren) zufügen und 8–10 Minuten bei schwacher Hitze dünsten, abkühlen lassen.
Das Parfait etwa 30 Minuten vor dem Servieren aus dem Gefriergerät nehmen, aus der Form stürzen und die Folie entfernen.

Zum Garnieren das Parfait in Scheiben schneiden, mit der Sauce anrichten und mit den Karambolescheiben und der Melisse garnieren.

Bananen-Ingwer-Eis

(ohne Foto)

Für das Eis:
3 Bananen
2 Eigelb
2 EL Honig
5–6 EL Zitronensaft
5 eingelegte Ingwerfrüchte
250 ml (1/4 l) Schlagsahne

Für das Eis die Bananen schälen, mit einer Gabel gut zerdrücken und mit dem Eigelb, Honig und Zitronensaft schaumig schlagen. Die Ingwerfrüchte in Streifen schneiden und unterrühren. Die Sahne steif schlagen, unter den Bananenschaum heben, die Masse in 2 Eisschalen füllen und gefrieren lassen. Das Eis in Würfel schneiden, in gekühlte Dessertgläser füllen und sofort servieren.

Beigabe: Schokoladen-Sauce.

Erdbeerparfait

Für das Parfait:

500 g Erdbeeren
2 Eigelb
75–100 g Zucker
1 Pck. Vanillin-Zucker
2 EL Zitronensaft
250 ml (1/4 l) Schlagsahne

Zum Garnieren:

4 Eiswaffeln
gezuckerte Erdbeeren
Schlagsahne
4 EL Erdbeerlikör

Tip

Erdbeeren werden noch aromatischer, wenn man sie mit etwas Zitronen- oder Orangensaft beträufelt und einige Minuten ziehen lässt.

Für das Parfait die Erdbeeren vorsichtig waschen, entstielen und pürieren. Das Eigelb mit Zucker und Vanillin-Zucker cremig schlagen. Das Erdbeerpüree und den Zitronensaft unterrühren. Die Sahne steif schlagen und unter die Erdbeermasse heben. Die Masse in eine Eisschale geben, im Gefrierfach des Kühlschranks etwa 3 Stunden gefrieren lassen. Das Eis auf 4 Glasteller verteilen.

Nach Belieben zum Garnieren das Parfait mit gezuckerten Erdbeeren und Eiswaffeln dekorieren, mit etwas Sahne verzieren und nach Belieben über jede Portion 1 Eßlöffel Erdbeerlikör geben.

Zimtpflaumen mit Eis

Für die Zimtpflaumen:

2 EL Puderzucker

375 ml (3/8 l) Rotwein

1/2 Zimtstange

1 Nelke

500 g große, reife Pflaumen oder Zwetschen

1 TL Speisestärke

Für das Eis:

4 Kugeln Pistazien- oder Walnuss-Eis

gehackte Pistazienkerne

Zitronenmelisseblättchen

Für die Zimtpflaumen den Puderzucker in einem Topf karamelisieren lassen und mit dem Rotwein ablöschen. Die Zimstange und die Nelke zugeben und aufkochen lassen, bis sich der Karamel aufgelöst hat. Die Pflaumen waschen, abtrocknen, mit einer Nadel mehrmals einstechen und in den Sud geben. Bei mittlerer Hitze im offenen Topf etwa 10 Minuten ziehen lassen. Die Pflaumen aus dem Sud nehmen. Den Sud offen um die Hälfte einkochen lassen, die Speisestärke mit etwas kaltem Wasser anrühren, den Sud mit der Speisestärke binden und die Pflaumen zugeben.

Für das Eis jeweils eine Kugel Eis auf Desserttellern anrichten und die Pflaumen lauwarm abgekühlt dazu servieren. Das Eis mit Pistazienkernen bestreuen. Das Dessert mit Zitronenmelisse garnieren.

Fruchtiges Vanille-Eis

Für die Cremesauce:
1 Becher (125 g) Crème double
1 TL gesiebter Puderzucker
1 EL Kirschwasser

Für die Früchte:
250 g vorbereitete Beerenfrüchte
evtl. etwas Puderzucker

4 große Kugeln Vanilleeis
Erdbeer- oder Zitronenmelisseblättchen

Für die Cremesauce die Crème double etwas anschlagen, den Puderzucker und das Kirschwasser unterrühren.

Die Hälfte der Beeren auf 4 Dessertteller verteilen, mit etwas Puderzucker bestäuben und die Cremesauce darübergeben.
Die Eiskugeln in die Mitte geben, mit den restlichen Früchten umlegen und mit gewaschenen Erdbeer- oder Zitronenmelisseblättchen garniert, sofort servieren.

Tip

Anstelle der Crème double kann auch Crème fraîche verwendet werden.

Eis-Dessert „Wintertraum"

Für die Mango-Sauce die Mango schälen, das Fruchtfleisch vom Kern schneiden, pürieren, mit Orangenlikör verrühren und mit Zucker oder Vanillin-Zucker abschmecken.

Für die Himbeer-Sauce die Himbeeren (evtl. einige schöne zum Garnieren zurücklegen) pürieren, durch ein Sieb streichen und mit Puderzucker und Himbeergeist verrühren. Die Fruchtsaucen auf 6 Teller verteilen und mit einem Holzstäbchen etwas ineinanderlaufen lassen.

Je 1 Eiskugel Amaretto- und Haselnußeis darauf setzen und jede Portion mit gehackten Pistazienkernen, Minzeblättchen und evtl. zurückgelassenen Himbeeren garnieren.

Beigabe: Feines Sandgebäck oder Brüsseler Waffeln.

(6 Portionen)

Für die Mango-Sauce:

1 Mango (etwa 450 g)
2 EL Orangelikör
evtl. etwas Zucker oder
Vanillin-Zucker

Für die Himbeer-Sauce:

300 g TK-Himbeeren
(aufgetaut)
2 EL Puderzucker
2 EL Himbeergeist

6 Kugeln Amaretto-Eis
6 Kugeln Haselnuss-Eis
gehackte Pistazien kerne
Minzeblättchen

ORANGEN-CAMPARI-SORBET

FÜR DAS SORBET:
60–75 G ZUCKER
60–75 ML WASSER
500 ML (1/2 L) FRISCH GEPRESSTER ORANGENSAFT (VON ETWA 5 ORANGEN)
40 ML CAMPARI, 1 EIWEISS
6 SCHOKOLADENSCHÄLCHEN
8–10 KUMQUATS
MINZEZWEIGE

Für das Sorbet den Zucker mit dem Wasser aufkochen, rühren bis der Zucker sich gelöst hat und erkalten lassen. Den Zuckersirup mit Orangensaft und Campari verrühren, halbfest gefrieren lassen. Die Masse mit dem Pürierstab des Handrührgerätes pürieren. Diesen Vorgang noch zweimal wiederholen, dann das Eiweiß steif schlagen und unterheben. Das Sorbet nochmals kurz gefrieren, dann mit den gewaschenen, in Scheiben geschnittenen Kumquats und Minze in den Schokoladenschälchen anrichten und sofort servieren.

Kefir-Eis mit Pflaumen

Für das Eis die Sesamsamen ohne Fett in einer Pfanne hellbraun rösten. Die Pflaumen waschen, halbieren, entsteinen und im Mixer nur grob zerkleinern. Das Pflaumenmus mit der Butter cremig rühren, mit dem Kefir im Mixer schaumig schlagen und mit dem Sesamsamen, Pflaumen und Zimt verrühren. Die Masse im Gefrierfach frieren lassen, dabei mehrmals mit einem Schneebesen durchschlagen.

Für das Eis:

50 g Sesamsamen
500 g Pflaumen
50 g Pflaumenmus (aus dem Reformhaus)
50 g weiche Butter
750 ml (3/4 l) Kefir
1 TL gemahlener Zimt

Pflaumensorbet mit Schuss

Tip

Das Sorbet ist die leichteste Eis-Variante, da es in erster Linie aus gesüsstem Fruchtsaft, Sekt oder Wein besteht. Die Beschaffenheit hängt u.a. davon ab, wie es eingefroren wurde. Je öfter das Sorbet beim Einfrieren umgerührt wird, desto lockerer wird es.

Für das Sorbet:

1 Glas Pflaumen (385 g Abtropfgewicht)
100 g Zucker
2 EL Zitronensaft
1 Piccolo Sekt
200 ml Abtropfsaft von den Pflaumen
125 ml (1/8 l) Pflaumenaperitif

Für das Sorbet die Pflaumen mit dem Zucker und Zitronensaft mit dem Pürierstab pürieren. Die Masse durch ein Sieb streichen und mit Sekt, Pflaumensaft und Pflaumenaperitif verrühren. Die Pflaumenmasse in eine Schüssel aus Edelstahl füllen, in das Gefriergerät stellen und anfrieren lassen. Wenn sich nach etwa 1–2 Stunden am Rand der Schüssel ein etwa 1 cm breiter Kranz aus Eiskristallen gebildet hat, die Masse mit dem Schneebesen umrühren. Bis das Sorbet vollständig gefroren ist, mehrfach durchrühren. Das Sorbet in kleinen Kugeln in Dessertgläser füllen. Nach Belieben jede Portion mit einer Pflaumenspalte garnieren.

Limettensorbet mit Baiser

Für das Sorbet den Zucker mit dem Wasser aufkochen, rühren, bis sich der Zucker gelöst hat und abkühlen lassen. Einige von den Limetten heiß abwaschen und mit einem Zestenreißer die Schale in langen, feinen Streifen abreißen oder die Limetten dünn schälen und in feine Streifen schneiden. Alle Limetten auspressen und mit dem Zuckersirup verrühren. Die Flüssigkeit halbfest gefrieren lassen, dann mit dem Pürierstab pürieren. Diesen Vorgang noch zwei- bis dreimal wiederholen, dann das steifgeschlagene Eiweiß unterheben. Das Sorbet nochmals kurz gefrieren.

Zum Garnieren die Erdbeeren fächerartig mit einem spitzen Messer einschneiden. Die Baiserschale in kleine Stücke brechen. Die Ränder der gekühlten Dessertschalen zuerst in das verquirlte Eiweiß, dann in die Zuckerstreusel tauchen. Das Sorbet mit den Erdbeerfächern, Baiserstückchen, Limettenschale und Zitronenmelisseblättchen anrichten.

(6 Portionen)

Für das Sorbet:

175 g Zucker
100 ml Wasser
12 unbehandelte Limetten (etwa 300 ml Saft)
1 Eiweiss

Zum Garnieren:

250 g vorbereitete Erdbeeren
1 Baiserschale
1 Eiweiss
2–3 EL bunte Zuckerstreusel
einige Zitronenmelisseblättchen

Tip

Anstelle der Limetten können auch Zitronen verwendet werden. Dafür 5 grosse, unbehandelte Zitronen auspressen und den Saft mit trockenem Weisswein auf 300 ml auffüllen.

GÖTTLICHE GELEES & GRÜTZEN

LEICHT, FRUCHTIG UND FARBENFROH

Beerengrütze mit Sauerkirschen

(Foto Seite 92/93)

Für die Grütze:
500 g Sauerkirschen
400 g schwarze Johannisbeeren
500 ml (½ l) Kirschsaft
2 EL Speisestärke
etwa 150 g Zucker
1 Msp. gemahlene Nelken

Für die Schlagsahne:
250 ml (¼ l) Schlagsahne
1 Pck. Vanillin-Zucker
1 EL Kirschwasser
50 g Borkenschokolade

Für die Grütze die Sauerkirschen waschen, gut abtropfen lassen und entsteinen. Die Johannisbeeren waschen, gut abtropfen lassen und mit einer Gabel von den Rispen streifen. Von dem Kirschsaft 4 EL abnehmen und mit der Speisestärke verrühren. Den restlichen Kirschsaft mit Zucker und Nelken erhitzen, dann die Früchte zugeben. Anschließend die angerührte Speisestärke unterrühren und unter ständigem Rühren einmal aufkochen lassen. Die Grütze etwa 1 Stunde erkalten lassen, evtl. mit Zucker abschmecken.

Für die Schlagsahne die Sahne mit Vanillin-Zucker steif schlagen und mit dem Kirschwasser aromatisieren.
Die Beerengrütze in Dessertschalen füllen, jeweils einen Klecks Sahne daraufgeben und mit der Borkenschokolade garniert servieren. Die restliche Sahne dazu reichen.

Sahnegelee mit Zwetschen

Für das Gelee:
6 Blatt Gelatine, weiß
500 ml (½ l) Schlagsahne
50 g Zucker, 1 Vanilleschote
170 ml Mandellikör

Für das Obst:
600 g Zwetschen, 1 Pck. Bourbon Vanille-Zucker
gemahlener Zimt
4 EL Mandelblättchen

Für das Gelee die Gelatine in kaltem Wasser nach der Packungsanleitung einweichen. Die Sahne, Zucker und Vanillemark verrühren, 10 Minuten leicht köcheln lassen und von der Kochstelle nehmen. 20 ml von dem Mandellikör zugeben und die ausgedrückte Gelatine in der Mandelsahne unter Rühren auflösen, in kleine, kalt ausgespülte Förmchen füllen. Über Nacht im Kühschrank fest werden lassen.

Für das Obst die Zwetschen waschen, halbieren, entkernen, vierteln, über Nacht im restlichen Mandellikör marinieren und mit Vanille-Zucker und Zimt abschmecken. Die Sahnecreme aus den Förmchen lösen, auf Dessertteller stürzen und mit Früchten und gerösteten Mandeln anrichten.

Sauerkirsch-Kaltschale

Für die Kaltschale:

1 Glas Sauerkirschen (460 g Abtropfgewicht)
1 Stück Stangenzimt
4 Nelken
1 EL Zucker
1 1/2 EL Speisestärke
2 EL Wasser zum Anrühren
500 ml (1/2 l) Rotwein

Für die Sahne:

125–250 ml (1/8–1/4 l) Schlagsahne
1/2–1 Pck. Vanillin-Zucker

Für die Kaltschale die Sauerkirschen mit dem Saft in einen Topf geben, den Zimt, Nelken und Zucker hinzufügen, zum Kochen bringen und 5 Minuten ziehen lassen. Die Gewürze entfernen. Die Speisestärke mit dem Wasser anrühren, die Kirschflüssigkeit damit binden, von der Kochstelle nehmen, den Rotwein unterrühren und kalt stellen.

Die Sahne fast steif schlagen, mit dem Vanillin-Zucker süßen und zur Kaltschale reichen.

Tip

Anstelle der Sauerkirschen aus dem Glas können auch frische oder TK-Sauerkirschen verwendet werden. Sie werden mit 250 ml (1/4 l) Wasser und zusätzlich 1–2 EL Zucker zum Kochen gebracht.

BEERENFRÜCHTE IN CASSISGELEE

Für das Gelee die Gelatine nach der Packungsanleitung mit kaltem Wasser anrühren und zum Quellen stehen lassen. Die Orange waschen, abtrocknen, dünn schälen, etwa 10 cm von der Schale sehr fein schneiden und mit Johannisbeerlikör, Rotwein und Zucker zum Kochen bringen. Die Beeren verlesen, waschen, gut abtropfen lassen und in die von der Kochstelle genommene Flüssigkeit geben. Die Früchte herausnehmen und auf tiefe Teller verteilen oder in eine kalt ausgespülte Schüssel geben. Die gequollene Gelatine unter Rühren in der Weinflüssigkeit auflösen. Die Flüssigkeit über die Beeren geben und im Kühlschrank fest werden lassen.

Für die Heidelbeersahne die Heidelbeeren verlesen, vorsichtig waschen, gut abtropfen lassen und im Mixer pürieren und durch ein Sieb streichen. Die Sahne mit dem Vanillin-Zucker und dem Sahnesteif steif schlagen und das Heidelbeerpüree vorsichtig unterheben. Die Sahne zu dem Fruchtgelee servieren.

Für das Gelee:

1 Pck. Gelatine gemahlen, weiss oder rot
5 EL kaltes Wasser
1 Orange (unbehandelt)
250 ml (1/4 l) schwarzer Johannisbeerlikör (Cassis)
250 ml (1/4 l) trockener Rotwein, 100 g Zucker
250 g gemischte Beeren

Für die Heidelbeersahne:

150 g Heidelbeeren
250 ml (1/4 l) Schlagsahne
1 Pck. Vanillin-Zucker
1 Pck. Sahnesteif

Zauberberg

(etwa 8 Portionen)

Für die Vanillesauce:

1 Pck. Sossen-Pulver Vanille-Geschmack

30 g Zucker

500 ml (½ l) Milch

125 ml (⅛ l) Schlagsahne

Eierlikör

Für die Götterspeise:

je 1 Beutel aus 1 Pck. Götterspeise Himbeer-, Waldmeister- und Zitronegeschmack

1 ½ l Apfelsaft oder halb Wasser halb Weisswein

12 EL Zucker

Für die Vanillesauce aus dem Soßen-Pulver, Zucker und der Milch nach Packungsanleitung eine Sauce zubereiten, kalt stellen und ab und zu durchrühren. Die Sahne fast steif schlagen und unter die erkaltete Sauce heben. Nach Belieben mit 1–2 EL Eierlikör abschmecken.

Für die Götterspeise die Zutaten nach Packungsanleitung – jede Sorte einzeln – mit jeweils 500 ml (½ l) Apfesaft oder halb Wasser, halb Weißwein und 4 EL Zucker zubereiten. Die Flüssigkeit in drei flache, kalt ausgespülte Gefäße geben, kalt stellen und fest werden lassen.

Die Götterspeise aus den Gefäßen stürzen und in etwa 2 x 2 cm große Würfel schneiden.

Einen Teil der Vanillesauce auf eine große runde Platte geben und die Götterspeisewürfel, bunt gemischt, kuppelförmig darauf anrichten, die restliche Vanillesauce dazu reichen.

Abwandlung: Eine Weinschaumsauce zur Götterspeise reichen.

Tip

Für die Weinschaumsauce 2 Eier, 2 Eigelb, 120 g Zucker und 250 ml (¼ l) Weisswein in eine Schüssel im heissen Wasserbad stellen und so lange schlagen, bis sie durch und durch schaumig ist (nicht kochen lassen), sofort servieren.

SWINGING PETER

Für die Götterspeise das Geleepulver getrennt mit je 500 ml (½ l) Flüssigkeit anrühren, nach Packungsanleitung quellen lassen, jeweils die Hälfte des Zuckers zugeben und unter Rühren erhitzen, bis die Gelatine gelöst ist. Die gelbe Götterspeise in 6 flache Tassen oder auf tiefe Glasteller gießen und die grüne in eine flache Schale gießen, fest werden lassen. Die Zitronen-Götterspeise auf Teller stürzen. Die Waldmeister-Götterspeise in Streifen schneiden und als Haarkranz auf der gelben Speise dekorieren.

Zum Verzieren die Sahne mit Vanillin-Zucker und Zucker steif schlagen und „Augen" und „Münder" aufspritzen, mit Schokolinsen garnieren und servieren.

Für die Götterspeise:

je 1 Pck. Götterspeise
Zitrone-Geschmack und
Waldmeister-Geschmack
1 l Wasser (oder halb
Wasser halb Apfelsaft)
8 EL Zucker

Zum Verzieren:

125 l (1/8 l) Schlagsahne
1/2 Pck. Vanillin-Zucker
Schokolinsen

Rote Grütze, geschlagen

Für die Grütze:
500 ml (½ l) roter Fruchtsaft (Kirsche, Pflaume oder rote Johannisbeere)
80–100 g Zucker
75 g Grieß
1 EL Rum

Für die Sahne:
125 ml (⅛ l) Schlagsahne
Vanillin-Zucker

Früchte zum Garnieren (z. B. Johannisbeeren oder Erdbeeren)

Tip

Anstatt der Sahne eine Vanillesauce zu der Grütze reichen. Die Grütze schmeckt noch fruchtiger, wenn nach dem Schlagen einige rohe Früchte darunter gemischt werden.

Für die Grütze den Fruchtsaft mit dem Zucker erhitzen, den Grieß unter ständigem Schlagen mit dem Schneebesen in die kochende Flüssigkeit einrieseln und bei schwacher Hitze in 2–3 Minuten ausquellen lassen. Den Topf von der Kochstelle nehmen und den Rum hineinrühren. Die Grütze mit dem Handrührgerät mit Rührbesen schlagen, bis die Masse locker, weißlich und etwas abgekühlt ist. In eine kalt ausgespülte Schüssel oder in Portionsschälchen füllen und im Kühlschrank abkühlen lassen.

Die Sahne mit Vanillin-Zucker abschmecken, eiskalt zur Grütze servieren. Die Grütze mit Früchten garnieren.

Bunte Gelees

(8 Portionen)

Für das grüne Gelee:

50 ml Waldmeistersirup

450 ml Weisswein

6 Blatt Gelatine, weiss

Für das gelbe Gelee:

500 ml (1/2 l) frischgepresster Orangensaft, evtl. Zucker

6 Blatt Gelatine, weiss

Für das rote Gelee:

250 g rote Johannisbeeren

200 ml Rotwein

2 EL Zucker

6 Blatt Gelatine, rot

Zum Servieren:

250 ml (1/4 l) Schlagsahne

1 Pck. Vanillin-Zucker

Johannisbeeren

Zitronenmelisse

Für das grüne Gelee den Waldmeistersirup mit Weißwein zum Kochen bringen. Die Gelatine nach der Packungsanleitung in kaltem Wasser einweichen, ausdrücken und in der heißen, nicht mehr kochenden Flüssigkeit auflösen.

Für das gelbe Gelee den Orangensaft erhitzen, evtl. mit Zucker abschmecken und die eingeweichte, ausgedrückte Gelatine darin auflösen (nicht kochen).

Für das rote Gelee die Johannisbeeren waschen und mit Rotwein und Zucker einmal aufkochen. Die rote eingeweichte Gelatine darin auflösen. Zuerst das grüne Gelee in mit kaltem Wasser ausgespülte Gläser füllen. Die Gläser schräg in den Kühlschrank stellen und die Flüssigkeit vollständig erstarren lassen. Das gelbe Gelee in die Gläser füllen und zur anderen Seite schräg in den Kühlschrank stellen. So lange kühlen, bis es fest geworden ist. Das rote Gelee in die Mitte geben und fest werden lassen.

Zum Servieren die Sahne mit Vanillin-Zucker süßen, etwas davon um das Gelee gießen. Die restliche Sahne steif schlagen und das Gelee damit und mit den Johannisbeeren und Zitronenmelisseblättchen garnieren.

Tip

Das Gelee aus dem Glas auf Dessertteller stürzen. Dafür das Gelee am Rand mit einem Messer lösen und das Glas kurz in heisses Wasser tauchen.

Beerenkaltschale mit Halbmonden

(6 Portionen)

Für die Beerenkaltschale:

750 ml (3/4 l) roter Johannisbeersaft
abgeriebene Schale von 1/2 Zitrone (unbehandelt)
1 Pck. geriebene Orangenschale
50 g Speisestärke
etwa 3 EL Zucker
500 g gemischte Beerenfrüchte (frisch oder TK)

Für die Halbmonde:

1 Pck. TK Blätterteig (rechteckige Platten, 300 g)
1 Eigelb
1 1/2 EL Milch

Für die Füllung:

200 g Frischkäse
50 g Crème fraîche oder saure Sahne
Schale und Saft von 1/2 Zitrone (unbehandelt)
1–1 1/2 EL Zucker
Puderzucker

Für die Kaltschale den Johannisbeersaft mit der Zitronen- und Orangenschale zum Kochen bringen. Die Speisestärke mit etwas kaltem Wasser anrühren und den Saft damit binden, einmal aufkochen lassen, den Zucker und die Früchte hinzufügen, nochmals aufkochen lassen. Die Suppe evtl. noch mit Zucker abschmecken, in eine Glasschale geben und erkalten lassen.

Für die Halbmonde den Blätterteig abgedeckt auftauen lassen, (nicht ausrollen) mit einer Ausstechform Halbmonde ausstechen und auf ein mit kaltem Wasser abgespültes Backblech legen. Das Eigelb mit der Milch verschlagen und die Halbmonde damit bestreichen. Das Backblech in den Backofen schieben.

Ober-/Unterhitze: etwa 220 °C (vorgeheizt)
Heißluft: etwa 200 °C (nicht vorgeheizt)
Gas: Stufe 4–5 (vorgeheizt)
Backzeit: 15–18 Minuten.

Die Halbmonde auf einem Kuchenrost erkalten lassen.

Für die Füllung den Frischkäse mit Crème fraîche oder saurer Sahne verrühren, mit der Zitronenschale und -saft verrühren und mit Zucker abschmecken. Die Halbmonde aufschneiden, mit etwas Füllung bestreichen und mit Puderzucker bestäubt zur Beerenkaltschale servieren.

Aprikosengrütze mit Vanillesahne

Für die Grütze:

600 g Aprikosen
Saft von 1 Zitrone
etwa 2 EL Zucker
1 Pck. Vanillin-Zucker
1 Zimtstange
125 ml (1/8 l) Weisswein
125 ml (1/8 l) Wasser
1–2 EL Speisestärke

Zum Bestreuen:

2 EL Weizenflocken
2 EL gehackte Mandeln

Für die Vanillesahne:

250 ml (1/4 l) Schlagsahne
1 Pck. Vanillin-Zucker

Für die Grütze die Aprikosen überbrühen, kalt abschrecken, enthäuten, entsteinen und in Spalten schneiden. Mit Zitronensaft, Zucker, Vanillin-Zucker und der Zimtstange in einen Topf geben. Den Wein und das Wasser angießen und aufkochen. Die Speisetärke mit etwas Wasser anrühren und die Grütze damit andicken, abkühlen lassen.

Zum Bestreuen die Weizenflocken und die Mandeln in einer Pfanne ohne Fett rösten, abkühlen lassen.

Für die Vanillesahne die Sahne mit dem Vanillin-Zucker steif schlagen, auf der Grütze verteilen und die Flocken und Mandeln darüberstreuen.

Ingwer-Sahne-Gelee auf Zitrusfrüchten

Für das Gelee die Sahne anschlagen, mit Zucker und 1 TL Ingwersirup verrühren. Die Gelatine nach der Packungsanleitung in kaltem Wasser einweichen, in dem Orangensaft bei schwacher Hitze auflösen, abkühlen lassen und unter die Sahne ziehen. Die braune Haut von den Nüssen entfernen und die Nüsse hobeln. Den Ingwer fein hacken und mit den Nüssen unter die Sahne ziehen. Die Creme in vier Puddingförmchen füllen und etwa 6 Stunden kalt stellen.

Für die Zitrusfrüchte die Orangen schälen und in Scheiben schneiden. Die Mandarinen schälen und in Spalten teilen, die Haut abziehen. Die Früchte auf vier Tellern anrichten und die Gelees darauf stürzen. Mit Orangeat verzieren.

Für das Gelee:

250 g Schlagsahne

2 EL Zucker

2 Ingwerstückchen in Sirup

4 Blatt Gelatine, weiss

100 ml Orangensaft

30 g Paranusskerne

Für die Zitrusfrüchte:

2 Blutorangen

2 Orangen

2 Mandarinen

Ausserdem: Orangeat

Bananen-Kirsch-Suppe

(6 Portionen)

Für die Suppe:

250 g frische Kirschen
250 ml (1/4 l) mild-lieblicher Weisswein
500 ml (1/2 l) Wasser
50 g Zucker
1 Prise Salz
1/2 Pck. geriebene Zitronenschale
4 mittelgrosse Bananen
3–5 EL weisser Rum
1/4 TL gemahlener Zimt
20 g Speisestärke
kaltes Wasser
evtl. etwas Zucker

Zum Garnieren:

100 ml Schlagsahne
gehackte Pistazienkerne

Für die Suppe die Kirschen waschen, entsteinen und in Weißwein mit Wasser, Zucker, Salz und Zitronenschale etwa 8 Minuten garen. In der Zwischenzeit die Bananen schälen, in Scheiben schneiden, mit Rum beträufeln, mit Zimt bestreuen und vorsichtig vermischen. Danach die Speisestärke in wenig Wasser verrühren und die Kirschsuppe damit binden. Die marinierten Bananenscheiben (einige zur Garnierung zurückbehalten) unter die Suppe heben und alles erkalten lassen. Die Kirschsuppe evtl. mit Zucker abschmecken und auf Dessertschalen verteilen.

Zum Garnieren die steifgeschlagene Sahne als Tupfen darauf setzen, mit Pistazien bestreuen und mit den restlichen Bananenscheiben anrichten.

Obstsalat-Gelee

Für das Gelee das Obst schälen. Den Apfel achteln und entkernen. Die Orange in Stücke schneiden. Den Pfirsich und die Nektarinen waschen, abtrocknen, halbieren, entsteinen und achteln. Das Obst in feine Scheiben schneiden, mit Zucker vermengen und auf Dessertschälchen verteilen. Die Gelatine mit Wasser (4 EL) nach der Packungsanleitung anrühren und quellen lassen. Das Wasser mit dem Zucker erhitzen (Zucker muß sich lösen), die Gelatine unter Rühren darin auflösen und den Wein hinzugießen. Etwa ⅔ der Flüssigkeit auf die Dessertschälchen verteilen, fest werden lassen, dann die restliche Flüssigkeit darüber verteilen und kalt stellen.

Beigabe: Vanillesauce oder mit Eierlikör abgeschmeckte Schlagsahne.

Für das Gelee:

1 mittelgrosser Apfel (125 g)
1 mittelgrosse Orange (150 g)
1 Pfirsich (150 g)
2 Nektarinen (à 150 g)
1 kleine Banane (125 g)
25 g Zucker
1 Pck. gemahlene Gelatine, weiss
4 EL kaltes Wasser
250 ml (¼ l) Wasser
75 g Zucker
250 ml (¼ l) Weisswein

Tip

Gequollene Gelatine lässt sich sehr gut in der Mikrowelle auflösen, indem man die Gelatine quellen lässt und die Mischung anschliessend bei maximal 450 Watt ½–1 Minute in das Mikrowellengerät stellt.

SCHLANKE DESSERTS

DER LEICHTE GENUSS

Himbeer-Zitronen-Sorbet

(Foto Seite 108/109)
(2 Portionen)

Für das Sorbet:
2 Zitronen
250 ml (¼ l) Wasser
2–3 TL flüssiger Honig
200 g Himbeeren
1 TL Streusüsse
Pfefferminzblättchen

Für das Sorbet die Zitronen auspressen, mit Wasser und Honig verrühren und im Gefriergerät halbfest gefrieren lassen. Die Masse durchrühren, dieses noch zweimal wiederholen, dann mit dem Schneidstab pürieren. Die Himbeeren verlesen (nicht waschen), die Hälfte pürieren, durch ein Sieb streichen, mit der Streusüße verrühren und mit einer Gabel unter das Sorbet ziehen. Das Sorbet nochmals kurz gefrieren lassen, dann mit einem Löffel Nocken abstechen und mit Himbeeren und Pfefferminzblättchen garnieren.

Apfelreis

(6–8 Portionen)

Für den Reis:
1 l Wasser, 1 Prise Salz
50 g Zucker
2 Tropfen
Zitronen-Aroma
500 g Äpfel
200 g Milchreis
Zucker und Zimt

Für den Reis das Wasser mit Salz, Zucker und Aroma zum Kochen bringen. Die Äpfel schälen, vierteln, entkernen, in Stücke schneiden und mit dem Reis ins Wasser geben, zum Kochen bringen, etwa 30 Minuten ausquellen lassen und mit Zucker abschmecken. Den Reis mit Zucker und Zimt bestreuen.

Erdbeer-Quark-Speise

(ohne Foto)

Für die Quark-Speise:
250 g Erbeeren, 500 g Quark
100 ml Milch, 1–2 EL Zucker

Für die Quark-Speise die Erbeeren waschen, gut abtropfen lassen, entstielen und vierteln.

Den Quark mit Milch und Zucker geschmeidig rühren und die Erdbeeren unterrühren. Die Speise in Dessertgläser füllen.

Nektarinen mit Häubchen

Für das Obst:
2 reife Nektarinen

Für das Häubchen:
2 Eiweiss, 2 EL Zucker
1 EL abgezogene,
gemahlene Mandeln

Für die Fruchtsauce:
150 g Himbeeren
1 EL Zitronensaft
20 g Puderzucker
10 g Pistazienkerne

Die Nektarinen halbieren und entsteinen. Die Hälften mit der Schnittfläche nach oben in eine flache Auflaufform geben.

Für das Häubchen das Eiweiß mit dem Zucker steif schlagen, mit Mandeln verrühren, auf die Nektarinen verteilen und die Form auf dem Rost auf der obersten Schiene in den Backofen schieben.

Ober-/Unterhitze: etwa 200 °C (vorgeheizt), Heißluft: etwa 180 °C (nicht vorgeheizt), Gas: etwa Stufe 3 (vorgeheizt), Backzeit: etwa 10 Minuten.

Für die Sauce die Himbeeren verlesen, mit Zitronensaft und Puderzucker pürieren und auf vier Dessertteller verteilen. Je eine Nektarinenhälfte darauf setzen und mit gehackten Pistazien bestreuen.

OSTFRIESISCHE TEECREME

Für die Creme die Gelatine in kaltem Wasser nach der Packungsanleitung einweichen, ausdrücken und in dem heißen Tee auflösen. Die Teeflüssigkeit abkühlen lassen, dann mit der Milch verrühren und die Streusüße, Zitronenschale und -saft unterrühren, kalt stellen. Wenn die Masse anfängt zu gelieren, die Sahne steif schlagen und unterheben. Die Teecreme in 4 kalt ausgespülte Förmchen geben und zum vollständigen Gelieren in den Kühlschrank stellen. Die Creme auf Dessertteller stürzen.

Nach Belieben die Schlagsahne mit Streusüße steif schlagen, in einen Spritzbeutel mit gezackter Tülle geben und die Creme damit und mit den Mandeln garnieren.

FÜR DIE TEECREME:

6 BLATT GELATINE, WEISS
200 ML SCHWARZER TEE
200 ML MILCH
1 1/2 EL STREUSÜSSE
ABGERIEBENE SCHALE VON
1/2 ZITRONE (UNBEHANDELT)
1 EL ZITRONENSAFT
100 ML SCHLAGSAHNE

NACH BELIEBEN ZUM GARNIEREN:

75 ML SCHLAGSAHNE
1/2 TL STREUSÜSSE, 4 MANDELN

HIMBEER-JOGHURT-CREME

(5 PORTIONEN)

FÜR DIE CREME:

250 G TK-HIMBEEREN

7 BLATT GELATINE, WEISS

2 GEHÄUFTE EL STREUSÜSSE

500 G CREMIGER JOGHURT

½ PCK. GERIEBENE ZITRONENSCHALE

2–3 EL ZITRONENSAFT

2–3 EL ROTER FRUCHTSAFT

FÜR DIE VANILLESAUCE:

500 ML (½ L) MILCH

1 PCK. DESSERT-SOSSE VANILLE-GESCHMACK

2–2½ GESTR. EL STREUSÜSSE

Für die Creme die Himbeeren auftauen lassen. Die Gelatine in kaltem Wasser nach der Packunganleitung einweichen. Die Himbeeren pürieren, mit der Streusüße verrühren, die Hälfte abnehmen und unter den Rest den Joghurt, Zitronenschale und -saft rühren. Die Gelatine ausdrücken, im heißen Wasserbad auflösen, etwas von der Himbeer-Joghurt-Masse unterrühren und dann mit der ganzen restlichen Masse verrühren. Die Himbeer-Joghurt-Masse in 5 mit kaltem Wasser ausgespülte Portionsförmchen geben, kalt stellen und fest werden lassen.

Für die Sauce aus der Milch und dem Dessert-Soßenpulver nach der Packungsanleitung eine Sauce zubereiten, die Streusüße unterrühren, erkalten lassen, dabei ab und zu durchrühren.

Das restliche Himbeerpüree mit dem Fruchtsaft verrühren (etwas zurücklassen), in die Mitte von 5 Tellern geben und etwas auseinanderstreichen. Die Himbeer-Joghurt-Creme stürzen und in die Mitte setzen. Etwas Vanillesauce als äußeren Ring darumgießen und mit einem Holzstäbchen das Himbeerpüree in die Vanillesauce ziehen. Das restliche Himbeerpüree auf die Creme geben und sofort sevieren.

ZITRUS-ENSEMBLE

Für die Hippenschälchen die Butter mit dem Handrührgerät mit Rührbesen geschmeidig rühren. Nach und nach den Puderzucker unterrühren, bis eine gebundene Masse entstanden ist. Das Mehl sieben und das Eiweiß steif schlagen. Beide Zutaten unter die Butter-Zucker-Masse rühren. Den Teig dünn mit Hilfe einer runden Pappschablone (Ø 12 cm) auf ein gefettetes, bemehltes Backblech streichen, so daß ein Kreis entsteht. Die Schablone abheben und das Blech in den Backofen schieben.

Ober-/Unterhitze: etwa 170 °C (vorgeheizt), Heißluft: etwa 150 °C (nicht vorgeheizt), Gas: Stufe 1–2 (vorgeheizt), Backzeit: etwa 10 Minuten.

Jede Hippe mit einem Spatel schnell vom Blech nehmen, in ein Glasschälchen drücken, so daß ein Gebäckschälchen entsteht, erkalten lassen.

Für die Zitronencreme den Aranca-Pudding nach der Packungsanleitung – aber mit 150 ml Sekt – zubereiten, kalt stellen.
Die Hippen erst kurz vor dem Verzehr füllen, da sie schnell weich werden, mit Limettenstreifen und -scheiben garnieren.

Für die Hippenschälchen:

50 g weiche Butter
50 g Puderzucker
1 Eiweiss
50 g Weizenmehl

Für die Zitronencreme:

1 Pck. Aranca Zitronen-Geschmack
1 Ei
150 ml Sekt
Limettenstreifen, -scheiben

RATGEBER

FÜR DAS GUTE GELINGEN

Cremes

Als krönender Abschluß, zartschmelzend und edel, ist die Creme für viele das Dessert schlechthin. Die Grundlage der Creme besteht aus Eiern und Zucker. Das Ei ist ein wahres Wunderwerk und von seinen vielseitigen Verwendungsmöglichkeiten unübertroffen: Es läßt sich zu einer luftigen Creme aufschlagen, sei es das Eigelb, das Eiweiß oder das ganze Ei. Das Ei bindet unter Hitzeeinwirkung wie bei einer englischen Creme oder zusammen mit Eiweiß bei gestockten Cremes. Von der Behandlung des Eies hängt es ab, ob die Creme eine dünnflüssige, cremige oder feste wird. Die zweite Grundzutat, der Zucker, sollte den möglichst feinsten Körnungsgrad haben, damit er sich schnell und gut auflöst und zusammen mit dem Ei eine cremige Beschaffenheit bilden kann. Bei besonders zarten Cremes wird ohnehin mit Puderzucker gearbeitet.

Bayerische Creme

Die Grundlage für die klassische Crème Bavaroise ist eine englische Creme. Daneben gibt es viele verschiedene Bavaroise-Varianten, deren Grundcreme wenig aufwendig und doch sehr effektvoll ist. Ihre Bindung erhält die bayerische Creme durch Gelatine und geschlagene Sahne. Die eingeweichte Gelatine wird gleichmäßig in der heißen Creme gelöst. Man stellt die so vorbereitete Speise in den Kühlschrank und rührt sie von Zeit zu Zeit um, damit sie nicht zu fest wird. Sie läßt sich dann schlecht mit der Schlagsahne vermengen. Sollte die Creme doch einmal zu fest werden, kann man sie im heißen Wasserbad wieder dünner rühren.

Sobald die Creme zu gelieren beginnt, wird die geschlagene Sahne unter die Creme gehoben. Gelatine und Sahne ermöglichen es, daß die Creme fest wird und gestürzt werden kann, aber nicht gestürzt werden muß.

Im Wasserbad gegarte Cremes

Man kann gestockte, im Wasserbad gegarte Cremes, generell in zwei Gruppen unterteilen: Cremes, die sich nach dem Garen stürzen lassen; ihr bekanntester Vertreter ist die Creme caramel. Die andere Gruppe sind die Creme-Töpfchen, die aus dem Förmchen gelöffelt werden. Ihre Grundzutaten sind Eier, Eigelb, Zucker, Milch oder Sahne, die je nach Gusto mit Likören, Schokolade, Kaffee, Tee, Zitronenschale und Gewürzen angereichtert werden können. Bei gestürzten Cremes ist die Eiweißmenge, genauer gesagt das Verhältnis von Eiweiß zu Eigelb von größter Bedeutung: Verwendet man zu wenig Eiweiß, fällt die Creme beim Stürzen in sich zusammen, ein Zuviel davon läßt die Creme grobporig und zäh werden. Bei Cremes die gestürzt werden sollen, müssen die Förmchen vorher gut mit Öl eingepinselt werden; bei der Creme au caramel sorgt der Karamel dafür, daß die Creme aus der Form gleitet (siehe Fotos).

Die gefüllten Förmchen werden dann in einen Topf oder in die Fettpfanne des Backofens gestellt. Man gießt soviel Wasser vorsichtig hinein, daß die Form zu einem Drittel im Wasserbad steht (Foto Seite 118 rechts). Gart man im Topf, muß er mit dem Deckel verschlossen werden. Dabei kann es passieren, daß Kondenswasser auf die Creme tropft. Dieses Wasser können Sie nach dem Garen einfach abgießen.

Flammeris

Ein Flammeri ist nichts anderes als der landläufig bezeichnete Pudding. Hierfür wird eine Creme oder ein Fruchtsaft mit Getreideprodukten gekocht. Die Bindung eines Flammeris entsteht durch eben diese Getreideerzeugnisse: Speisestärke, Weizenmehl, Grieß, Sago oder Reis. Streng genommen handelt es sich bei Grützen um nichts anderes als ein Flammeri, da sie aus Fruchtsaft oder -püree bestehen und mit Speisestärke oder Perlsago gebunden werden. Je feiner das Getreideprodukt, um so kürzer ist die Garzeit des jeweiligen Flammeris. Eine mit Stärke gebundene Speise benötigt nur wenige Minuten, ein mit Reis zubereitetes Flammeri dagegen etwa ½ Stunde. Soll ein Flammeri gestürzt werden, gilt das gleiche wie für einen Pudding. Die Form muß vorher präpariert werden. Zu diesem Zweck wird sie mit kaltem Wasser ausgespült. Der Flammeri wird eingefüllt und dann zum Erstarren mehrere Stunden kalt gestellt. Beim Stürzen empfieht es sich auch hier, zunächst mit einem Messer am Innenrand der Form entlang zu fahren und die Form mit einem feuchten heißen Tuch zu bedecken. Wird ein Flammeri mit einer Sauce serviert, soll sie einen optischen und geschmacklichen Kontrapunkt setzen: Zu einem süßen cremigen Flammeri wird eine frische fruchtige Sauce gereicht. Man kann auch ebensogut ein säuerliches Obstkompott oder -mus dazu geben. Ist ein Flammeri auf Fruchtbasis hergestellt, passen Vanille-Sauce oder geschlagene Sahne dazu, die man nach Wunsch mit Vanille, Zimt oder Likören abschmecken kann.

Grützen

Grützen gehören, wie bereits erwähnt, zu den Flammeris, da sie mit Getreideprodukten gebunden werden. Daher kommt auch der Name: Grütze sind geschälte und zerschnittene Körner von Hafer, Gerste und Buchweizen. Den Durchbruch als Dessert hat die Grütze durch die aus dem Norden kommende Rote Grütze geschafft, einer Süßspeise aus vorwiegend säuerlichen Früchten und Fruchtsaft, angedickt mit Perlsago oder Speisestärke. Frucht-Grützen kann man eigentlich aus allen Früchten zubereiten. Bei der Auswahl des Obstes sollte man aber immer darauf achten, daß süße und säuerliche Früchte harmonisch aufeinander abgestimmt sind. Beispielsweise passen Erdbeeren gut zu Johannisbeeren. Zu Grützen passen geschlagene oder flüssige Sahne und Saucen wie Champagner-Chaudeau, Vanille-Sauce oder eine kalte Zabaione.

Gelees

Frucht-Gelees bieten fast immer einen herrlichen Anblick und werden ihrer Leichtigkeit wegen gern nach üppigen Menüs serviert. Den Namen verdanken diese Desserts ihrem Bindemittel der Gelatine.

Die Geleeform wird vor dem Einfüllen mit kaltem Wasser ausgespült. Enthält das Gelee auch Früchte ist es sinnvoll Gelee und Früchte in

mehreren Schichten einzufüllen, damit sich die Früchte verteilen und nicht auf dem Boden absetzen. Sicherheitshalber sollte man immer eine dünne Schicht Gelee auf den Boden der Form gießen und erstarren lassen. Dieser Vorgang wird auch als „Spiegel gießen“ bezeichnet.

Wird ein Gelee in Schichten eingefüllt, so erstarrt meist die noch nicht verwendete Flüssigkeit oder Creme in der Zwischenzeit. Man kann sie dann bei schwacher Temperatur, am besten im Wasserbad, wieder verflüssigen, da Gelatine bei Temperaturen ab 30° schmilzt. Man sollte bei der Form darauf achten, daß sie möglichst vollständig mit Gelee ausgefüllt ist. Beim Stürzen kann das Dessert sonst durch den Aufprall Schaden nehmen. Das Stürzen von Gelees ist recht unproblematisch: Man taucht die Form vorher kurz in heißes Wasser. Am sichersten ist es, das Gelee vorher mit einem Messer von den Wänden der Form zu lösen.

Sorbets

Das Sorbet ist die leichteste Eis-Variante, da es in erster Linie aus gesüßtem Fruchtsaft, Sekt oder Wein besteht. Es zählt daher auch zu den schlanken Desserts, wird gern nach einem üppigen Mahl oder als kleine Verschnaufpause zwischen den Gängen gereicht. Sorbets können in jeder gewünschten Konsistenz zubereitet werden und mit oder ohne Alkohol aufgegossen serviert werden. Die Beschaffenheit hängt zum einen von den weiteren Zutaten ab, zum anderen davon, wie es eingefroren wurde. Zunächst zu den Zutaten: Früher war es üblich, daß ein Sorbet aus Fruchtsaft, Wein oder Sekt hergestellt wurde. Heute ist die Basis auch manchmal Fruchtpüree, wodurch ein Sorbet bereits lockerer wird. Noch leichter wird es, wenn Eischnee untergehoben wird. Zum Einfrieren läßt sich allgemein sagen, je öfter umgerührt wird, um so lockerer wird das Sorbet.

Zucker

Zucker, eine der Säulen der Dessertzubereitung: Man schlägt Cremes damit auf, verflüssigt ihn zu Karamel und bestreut Früchte damit. Gewonnen wird er aus Zuckerrohr oder Zuckerrüben: Rohr und Rüben werden zermahlen, um den Saft zu extrahieren. Dieser Saft wird zunächst vorgereinigt und zu Sirup eingedickt. Die dabei entstehenden Zuckerkristalle werden von den übrigen Substanzen, zu denen auch die sirupartige Melasse gehört, getrennt. Der so entstandene Zucker wird als Rohzucker bezeichnet und durch weiteres Auswaschen und Raffinieren zu weißem Zucker oder sogenannter Raffinade verarbeitet.

Raffinade

Raffinade oder auch raffinierter Weißzucker genannt, ist der bei uns gebräuchlichste und für die Dessertzubereitung am meisten verwendetste Zucker. Sie wird in verschiedenen Körnungsgraden angeboten, von grober Raffinade (Foto mittlere Reihe, links) bis hin zum feinen Streuzucker (Foto, mittlere Reihe, rechts). Bei der Zubereitung von cremigen Desserts, bei der es darauf ankommt, daß sich der Zucker vollständig löst, sollte immer der feinste Zucker verwendet werden.

Puderzucker

Puderzucker, (Foto untere Reihe rechts) früher auch als Staubzucker bezeichnet, entsteht durch Vermahlen von Raffinade. Er wird vor allem für Eischnee und Baisermassen und bei Glasuren verwendet, da er sich wegen seines Feinheitsgrades besonders schnell löst. Ansonsten dient Puderzucker zum Bestäuben von Süßspeisen und Gebäck.

Brauner Zucker

Bei braunem Zucker unterscheidet man zwischen braunem Rohrzucker (Foto, untere Reihe links) und Farinzucker (Foto, Mitte). **Rohrzucker** müßte exakterweise als roher Rohrzucker bezeichnet werden. Er wird, wie der Name sagt, aus Zuckerrohr gewonnen. Der Rohrsaft wird gekocht, um die erste Ausbeute an Zuckerkristallen und Melasse zu erhalten. Diese Kristalle haben eine braune Färbung, da sie von Melasse umhüllt sind. Daher erweckt Rohrzucker beim Ausschütten den Anschein des Fließens. Rohrzucker süßt nicht so stark wie Raffinade, ist aber würziger im Geschmack.
Farinzucker wird aus Zuckerablaufsirup, also aus dunklem, karamelisiertem Zuckersirup hergestellt. Durch die Karamelisierung erhält er eine gelb- bis dunkelbraune Farbe und seinen typischen Geschmack.

Hagelzucker

Hagelzucker (Foto, untere Reihe, Mitte) ist granulierter, sehr grobkörniger aus Raffinade hergestellter Zucker, zum Dekorieren von Backwerk und Süßspeisen.

Würfelzucker

Würfelzucker (Foto, obere Reihe, Mitte) wird aus Raffinade hergestellt: Der Zucker wird angefeuchtet und anschließend in Würfel oder Quaderform gepreßt. Mit Würfelzucker kann man

Zitronen- oder Orangenschale abreiben, dann zum Aromatisieren von Desserts verwenden.

Kandis

Weißer Kandis (Foto, obere Reihe, links) sind besonders große Zuckerkristalle, die durch Auskristallieren aus konzentrierter, reiner Zuckerlösung entstehen. **Brauner Kandis** (Foto, obere Reihe, rechts) wird durch Karamel oder Zuckercouleur hell- bis dunkelbraun gefärbt. Kandis wird zum Süßen von Tee verwendet.

Süßstoff

Süßstoffe sind synthetisch hergestellte, organische Verbindungen, deren Süßkraft bis zu 3000 mal so hoch ist, wie die von Zucker. Die Anwendung erfolgt daher in kleinen Mengen. Die Bestandteile sind Saccharin, Natrium- und Calciumcyclamat. Handelsübliche Formen sind Dragees, Streusüße und Flüssigsüße.

Honig

Honig ist das älteste Süßungsmittel der Welt. Seine Süßkraft ist etwa halb so groß wie die von Zucker. Sein jeweils charakteristischer Geschmack ist durch die Blüten der jeweiligen Blumen, Gräser oder Baumart gegeben. Es gibt viele Honigarten, die sich sowohl in der Farbe von hellgelb bis dunkelbraun, als auch in der Konsistenz von dünnflüssig bis fest unterscheiden.

KAPITELREGISTER

PUDDINGE & CREMES

ZART UND SAHNIG 8–35

HEISSGELIEBTE DESSERTS

LUFTIG-LEICHT, FLAMBIERT UND GRATINIERT 36–61

FRUCHTIGE DESSERTS

HEIMISCHE UND EXOTISCHE KOMPOSITIONEN 62–77

EIS, PARFAITS & SORBETS

EISKALT UND ERFRISCHEND **78–91**

GÖTTLICHE GELEES & GRÜTZEN

LEICHT, FRUCHTIG UND FARBENFROH **92–107**

SCHLANKE DESSERTS

DER LEICHTE GENUSS **108–115**

RATGEBER

FÜR DAS GUTE GELINGEN **116–123**

Alphabetisches Register

Herausgeber:	Genehmigte Lizenzausgabe für Weltbild Verlag GmbH, Augsburg, 1998
Copyright:	© 1998 by Ceres Verlag Rudolf August Oetker KG, Bielefeld
Projektleitung:	Gisela Knutzen
Gestaltung:	Kontur Design, Bielefeld
Kapitel- und Ratgebertexte:	Gisela Knutzen, Annette Elges
Redaktion:	Annette Elges, Isabel Gromzik, Jasmin Gromzik, Gisela Knutzen
Titelfoto:	Bernd Lippert, Bielefeld
Fotoassistenz:	Frank Guszahn, Bielefeld
Foodstyling:	Claudia Glünz-Wunder, Nordhorn
Innenfotos:	CMA, Bonn Thomas Diercks, Hamburg Gruner & Jahr, Hamburg Ketchum PR, München Kramp & Gölling, Bielefeld Meine Familie & ich, München Christiane Pries, Borgholzhausen Michael Somoroff, Hamburg Axel Springer Verlag, Hamburg Fotostudio Toelle, Bielefeld Brigitte Wegner, Bielefeld wpr communication, Königswinter Arnold Zabert, Hamburg
Satz:	Typografika, Bielefeld
Reproduktion:	Omniascanners, Mailand
Herstellung:	Mohndruck, Gütersloh

Die Rezepte sind – wenn nicht anders angegeben – für 4 Portionen berechnet.

Die Autoren haben dieses Buch nach bestem Wissen und Gewissen erarbeitet. Alle Rezepte, Tips und Ratschläge sind mit Sorgfalt ausgewählt und geprüft. Eine Haftung des Verlages und seiner Beauftragten für alle erdenklichen Schäden an Personen, Sach- und Vermögensgegenständen ist ausgeschlossen.

Nachdruck, auch auszugsweise, nur mit unserer ausdrücklichen Genehmigung und mit Quellenangabe gestattet.

Printed in Germany

ISBN 3-89604-272-6